보고서
잘쓰는법

PRO NO SHIRYO SAKUSEIRYOKU by Kumiko Shimizu
Copyright ⓒ 2012 by Kumiko Shimizu
All rights reserved.
Original Japanese edition published by TOYO KEIZAI INC.
Korean translation Copyright ⓒ 2013 by Book21 Publishing Group
Korean translation rights arranged with TOYO KEIZAI INC., Tokyo
through Japan UNI Agency, Inc., Tokyo and Korea Copyright Center, Inc., Seoul

이 책의 한국어판은 (주)한국저작권센터(KCC)를 통한
저작권자와의 독점계약으로 (주)북이십일에 있습니다.
저작권법에 의해 한국 내에서 보호를 받는 저작물이므로
무단전재와 무단복제를 금합니다.

한번에 '예스!'를 끌어내는

보고서 잘 쓰는 법

시미즈 구미코 지음 | 박재현 옮김

21세기북스

프롤로그

왜 지금 보고서 잘 쓰는 법인가?

    비즈니스에서 보고서나 서류를 작성하는 일을 가리켜 '도큐멘테이션documentation'이라고 한다. 이 책에서 소개하는 것은 보고서 작성법, 결국 도큐멘테이션의 테크닉이다.
    비즈니스 세계에서는 제안하고, 보고하고, 교섭하는 상황이 빈번히 이루어지는데, 이때 기본적으로 보고서나 서류를 사용한다. 어느 업종·업계에서 일하든 비즈니스퍼슨business person이라면 필수적으로 보고서·서류의 작성 능력을 기본적인 소양으로 갖추고 있어야 한다.
    보고서 작성법 하나로 비즈니스의 성과가 완전히 달라진다고 해도 결코 과언이 아니다. 보고서는 상대에게 무언가를 전하고 어떤 행동을 이끌어내기 위하여 만들어진다. 보기에만 화려할 뿐 정작 내용이 없는 보고서는 말할 것도 없고, 비록 제안하는 내용과 교섭 조건이 매력적이라 해도 그것을 보고서에 잘 담아내지 못하면 원하는 성과를 낼 수 없다. 적절하지 않은 보고서로 상대를 설득하지 못해서 결국 행동을 이끌어내는 데 실패하는 경우가 비즈니스 현장에서 빈번히 일어나고 있다. 그렇다고 해서 보고서 작성력을 높이면 업무 성과가 두세 배로 향상되느냐 하면 딱히 그렇지는 않다. 하지만 그 능력이 부족해서 업무 성과를 20~30퍼센트 감소시키는 사람은 드물지 않다.

그만큼 중요한 능력인데도 불구하고 보고서 작성은 지금까지 그다지 중요시되지 않았다. 당신 역시 지금까지 보고서 작성법에 대하여 누군가에게 배우거나 책을 통해 그 기초를 배운 적이 거의 없을 것이다.

나는 지금까지 회사 안팎에서 약 2,000명에 이르는 사람들을 대상으로 도큐멘테이션 연수를 시행해왔다. 그들 대부분은 이미 비즈니스 현장에서 활약하는 사람들로, 숱한 보고서를 매일같이 만드는 이들이다. 그런 사람들이 나의 연수를 받고 '실로 놀랍다'는 평가를 해주었다.

많은 사람들이 자기 나름의 방법을 개발하거나, 혹은 상사나 선배들이 실천한 방법을 그대로 모방해서 보고서를 작성하곤 한다. 하지만 지금까지 이런 방식으로 그럭저럭 일해온 사람일지라도 지금 보고서 작성 노하우를 다시 한 번 확인해두는 것이 좋다.

앞으로는 주먹구구식으로 작성한 보고서로 인해 기대했던 실적에 미치지 못하는 일이 증가할 것이고, 그에 따라 보고서 작성력에 대한 중요성은 더욱 높아질 것이다. 왜냐하면 앞으로 비즈니스는 더욱 다양해지고 복잡하게 진행되어 회사나 업계의 벽을 초월한 제안과 보고, 교섭이 이루어져야 할 필요성이 날로 짙어질 것이기 때문이다. 다른 언어를 쓰는 상대도 쉽게 이해할 수 있는 보고서 작성 능력이 요구되는 것이다.

또한 속도도 중요하다. 정보화 사회가 되어감에 따라 수없이 쏟아져 나오는 방대한 양의 정보 가운데서 재빨리 필요한 것을 취사선택하는 능력은 날로 중요해지고 있다. 특히 우리 컨설턴트의 경우에는 비즈니스 상대가 중역인 경우가 많은데, 그들은 보고서를 꼼꼼히 읽고 충분히 설명할 시간을 거의 주지 않는다. 일일이 읽지 않고 눈으로 쭉 훑어보기만 해도 무슨 내용인지 간단히 이해되고 흥미를 가질 수 있는 보고서를 만들지 않으면 비즈니스는 성립하지 않는다.

이처럼 상대를 곧바로 이해시키고 어떤 행동을 이끌어낼 수 있는 자료를 만드는 능력은 컨설턴트뿐 아니라 모든 비즈니스퍼슨에게 요구되고 있다.

이 책의 구성에 대하여 대략적으로 설명하면 다음과 같다.
먼저 1장에서는 비즈니스에서 요구하는 보고서의 조건에 대하여 설명한다. 보고서는 상대를 '이해시키는' 것이 중요한데 본디 이해한다는 것은 어떠한 상태이고, 그 상태를 만들기 위해서는 무엇이 필요한지에 대하여 알아둘 필요가 있다. 사실 '이해한다'는 말에는 내용의 의미를 안다는 것과 내용의 의의를 안다는 두 가지 뜻이 담겨 있다. 전자는 말 그대로 의미를 이해하는 것이고, 후자는 취지에 동참하여 행동하는 것이다. 1장에서는 보고서 작성에 요구되는 두 가지 '이해'에 대하여 생각해본다.

2장에서는 '의의를 이해해서', 결국 행동을 불러일으키기 위해 필요한 보고서 작성법에 대하여 소개한다. 보고서 작성법이라 하면 흔히 3장 이후의 '의미를 이해시키기' 위한 방법, 예컨대 슬라이드 레이아웃이나 컬러링, 차트 사용법 같은 눈에 보이기 위한 테크닉을 떠올리기 십상이다. 분명 보고서는 보기에도 좋아야 한다. 하지만 그것은 어디까지나 마지막 끝손질에 해당한다. 정말 중요한 것은 '전하는 목적'과 '전하는 상대(타깃)' 그리고 '전하는 내용(메시지)'을 명확히 하는 것이다. 이 세 가지가 명확하지 않으면 제아무리 멋진 보고서를 만들어도 상대의 가슴에 꽂히지 않아 어떤 반응도 이끌어낼 수 없다. 유감스럽게도 보고서를 작성하는 대부분의 사람들이 보고서를 근사하게 보이기 위해서는 힘을 쏟으면서도 보고서의 목적, 받아보는 상대, 그 내용에 대해서는 사실 충분히 고려하지 않고 있다.

외국계 컨설팅 회사에서 일하는 사람들은 보고서 작성법이나 프레젠테이션에 매우 능하다는 평가를 받는다. 그들의 보고서 작성력이 높은 이유는 흔히 파워포인트를 다루는 솜씨나 비주얼 사용법이 뛰어나기 때문이라고 오해를 받기도 한다. 하지만 거기에는 보다 본질적인 이유가 있다. 보고서를 작성하는 목적, 상대, 내용에 대하여 논리적으로 사고하기에 가능한 일이다.

내가 신입 컨설턴트에게 가장 우선적으로 가르치는 것도 이 점이다. 컴퓨터로 보고서를 만드는 것은 정말이지 맨 나중에 해야 하는 일이다. 우선, 자신의 머리로 보고서의 목적과 그것을 받아볼 상대, 보고서에 담길 내용에 대하여 곰곰이 사고하고 수첩에 직접 적을 필요가 있다. 그 구체적인 방법을 2장에서 소개한다.

보기에도 훌륭하고 쉽게 읽혀 간단히 이해되는—의미의 이해를 돕는—보고서를 작성하기 위한 방법에 대해서는 3~6장에서 소개한다. 여기서는 한차례 훑어보기만 해도 내용을 파악할 수 있는 보고서의 구성, 차트 작성법, 시각적 효과의 사용법 등 프로들이 구사하는 테크닉에 대하여 소개한다. 그리고 마지막 7장에서는 보고서 작성의 기본을 다시 한 번 짚어보고 그 능력을 향상시키기 위한 몇 가지 힌트에 대하여 소개한다.

이 책을 통해 보다 많은 사람이 보고서 작성에 대한 고민을 말끔히 해소하고 비즈니스퍼슨으로서 더욱 왕성히 활약할 수 있기를 진심으로 기원한다.

차례

프롤로그 왜 지금 보고서 잘 쓰는 법인가? • 004

1장 잘 쓴 보고서에는 특별함이 있다
01 상대를 이해시키고 메시지를 전하는 보고서의 조건 • 014
02 상대가 '예스!' 하는 보고서를 작성하기 위하여 • 019
03 보고서가 갖춰야 할 세 가지 요건 • 024
04 상대를 이해시키고 메시지가 전달되는 보고서 작성의 단계 • 029

2장 목적, 타깃, 메시지를 명확히 하라
의의의 이해를 돕는 보고서 작성법
01 파워포인트를 먼저 가동해서는 안 된다 • 034
02 [Step 1 목적] 목적을 명확히 한다 • 037
03 [Step 2 타깃] 타깃을 알고 가설을 세운다 • 044
04 [Step 3 메시지] 메시지&스토리보드의 작성 • 064

05 목적, 타깃, 메시지를 생각하는 순서 · 079

06 야마다의 보고서 작성 스토리 · 081

3장 보고서의 구성을 생각한다
의미의 이해를 돕는 보고서 작성법

01 [Step 4 구성] 보고서 전체의 구성을 생각한다 · 104

02 [Step 4 구성] 슬라이드 내의 구성을 생각한다 · 112

03 [Step 4 구성] 구성의 응용 · 116

4장 정보의 질과 양을 최적화한다
의미의 이해를 돕는 보고서 작성법

01 [Step 5 시각화] 정보의 질을 높인다 · 120

02 [Step 5 시각화] 정보의 양을 적절히 한다 · 129

5장 비주얼 오브젝트 테크닉
의미의 이해를 돕는 보고서 작성법

01 [Step 5 시각화] 표를 가공한다 · 140

02 [Step 5 시각화] 그래프를 가공한다 · 154

03 [Step 5 시각화] 차트를 가공한다 · 164

04 [Step 5 시각화] 오리지널 차트 작성법 · 171

6장 비주얼 이펙트 테크닉
의미의 이해를 돕는 보고서 작성법

01 [Step 5 시각화] 비주얼 이펙트 테크닉 · 200

02 [Step 5 시각화] 컬러링 · 203

03 [Step 5 시각화] 일러스트 · 208

04 [Step 5 시각화] 애니메이션 · 211

7장 보고서의 질을 높이기 위한 힌트

01 '친절한 마음'을 키운다 · 216

02 요리의 테크닉을 향상시킨다 · 224

03 평가에 의한 보고서의 질 향상 · 231

에필로그 '친절한 마음'으로 보고서를 작성한다는 것 · 240

옮긴이의 말 상대를 한눈에 사로잡아라 · 243

잘 쓴 보고서에는 특별함이 있다

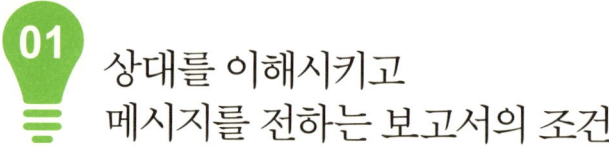

01 상대를 이해시키고 메시지를 전하는 보고서의 조건

두 가지의 '이해'

상대를 이해시키고 메시지를 전하는 보고서를 작성하기에 앞서 먼저 '이해'의 의미에 대하여 다시금 생각해보자.

'상대를 간단히 이해시키는 보고서를 만들고 싶다!' 이 같은 바람은 평소 보고서나 서류 작성 업무를 하는 비즈니스퍼슨이라면 누구나 가지고 있을 것이다. 그런데 본래 '이해한다'는 것은 무엇을 말하는 것일까? 어떤 상태를 가리켜 '이해한다'고 말하는 것일까? 먼저 이 점을 명확히 하는 데서부터 시작해보자.

물론 성가신 과정일 수도 있지만, '이해한다'는 것이 어떤 것인지 알면 어떻게 해야 상대가 좀 더 쉽게 이해할 수 있는 보고서를 만들 수 있는지 그 포인트를 분명히 알 수 있다. 달리 말하면, '이해한다'는 것이 무엇인지 분명히 이해하지 못하면 상대가 쉽게 이해하는 보고서를 만들 수 없다는 뜻이다.

그렇다면 '이해한다'는 것은 본래 어떤 상태를 가리키는 것일까? 비즈니스에서 '이해한다'는 것은 두 가지 의미로 해석할 수 있다. 하나는 글자 그대로 말하는 내용의 의미를 이해하는 것이다.

또 다른 하나는 의미를 이해하고 한 걸음 더 나아가 그 의의를 이해하는 것이다. 즉 의의를 납득하는 것이다. 비즈니스에 한정하지 않고 이야기 끝에 상대에게 "무슨 말인지 알겠어?"라고 확인하는 경우가 있는데, 이럴 때의 '이해'에 해당한다.

그리고 이 두 가지 의미에 대응하여 '이해한 상태'도 달라진다.

[도표 01] '이해한다'는 것은?

두 가지 의미
- 의미를 이해한다
- 의의를 이해한다

'이해한' 상태
- 정보가 머릿속 책장에 수납되고 적절히 끄집어낼 수 있는 상태
- 주장에 수긍되고 납득이 되어 행동을 불러일으킬 수 있는 상태

이해하기 쉽다
- 정보의 무게와 질이 적절하게 머릿속에 쏙 들어간다
- 논리적·감정적으로 받아들이기 쉽다

1장 잘 쓴 보고서에는 특별함이 있다

의미를 이해한다

의미를 '이해한다'고 말할 때 '이해한 상태'란 그 말의 의미를 이해한 것으로, 달리 말하면 정보를 자신의 머릿속 책장 어디에 수납하면 좋을지를 이해했다고 할 수 있다. 또한 수납뿐 아니라 필요한 경우에는 언제든 그것을 적절히 꺼내어 사용할 수 있는 상태를 가리키기도 한다.

이러한 경우에 이해한 상태를 확인하기 위해서는 자신의 언어로 설명할 수 있는지를 시도해보는 것이 좋다. 단순히 덮어놓고 암기하는 것이 아니라 자신의 언어로 바꿔서, 게다가 여러 가지 사례를 들어 설명할 수 있다면 머릿속 책장의 적절한 위치에 틀림없이 수납되었다고 할 수 있다.

의의를 이해한다

의의를 '이해한다'고 말하는 경우의 '이해한 상태'란, 말하는 내용의 주장을 납득하고 행동을 취할 수 있는 상태를 가리킨다.

이러한 경우에 '이해한' 상태를 확인하기 위해서는 의미를 묻기보다 '그렇다면 다음에 무엇을 하면 좋은가?'라고 취해야 할 행동에 대하여 묻는 것이 좋다. 이 질문에 어려움 없이 대답할 수 있다면 언어의 의미를 이해했을 뿐 아니라 그것이 가진 중요성과 가치(결국 의의)를 납득했다고 말할 수 있다.

비즈니스에서 '이해한다'는 말은 의미를 이해하고 나아가 의의를 이해한 상태다. 의미를 이해하고 의의도 이해한 연후에 비로소 '이해했다'고 말할 수 있는 것이다.

그 자료는 왜 이해하기 어려운가?

유감스러운 일이지만, 보고서에 담긴 내용의 의미를 좀처럼 이해하지 못하는 일은 결코 드물지 않다. 분명 내용은 충분히 받아들일 수 있는 것이지만 정보의 가공이 부적절한 탓에 의미를 이해하기 어려운 경우다.

또한 이해는 하지만 행동으로 옮길 수 없거나 옮기고 싶지 않은, '의미'는 알지만 '의의'를 이해하고 납득하지 못하는 일도 흔하다. 말하는 내용을 이해했어도 '그렇다면 나는 어떻게 하면 좋은가?'라는 물음 앞에서 무엇을 하면 좋을지 모르는, 혹은 납득하지 못하는 상태다.

'그렇다면 어떻게 하면 좋을까?'
'지당하신 말씀입니다만……'

이런 말이 오가는 상황을 우리 주변에서 자주 볼 수 있다. 이것은 '의미'는 이해했지만 '의의'를 납득할 수 없기에 행동하지 못해서 연출되는 상황이다.

상대를 이해시키고 메시지를 전하는 보고서란?

보고서의 내용을 상대에게 간단히 이해시키고 그 내용이 갖는 중요성과 가치를 전하려면 의미는 물론 의의를 쉽게 이해시켜야 한다.

우선 상대에게 보고서의 의미를 이해시키기 위해서는 정보의 양과 질이 적절해야 하고, 그다음에 머릿속 책장에 분명히 수납되기 쉬운 형태로 만든 후 적절한 인덱스를 붙여서 언제든 손쉽게 꺼내올 수 있는 상태로 만들어야 한다.

더불어 의의를 납득시키기 위해서는 먼저 내용에 논리적으로 허점이 없어야 한다. 그러나 단순히 논리적이기만 해서는 충분하지 않다. 감정적으로도 어필할 수 있는지가 키포인트이다.

논리성만 강조해서는 사람을 납득시킬 수 없고 행동을 유발할 수도 없다. 그러므로 머리뿐 아니라 감정적으로도 납득할 수 있는 보고서를 작성하는 것이 중요하다.

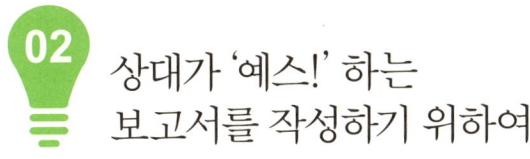
02 상대가 '예스!' 하는 보고서를 작성하기 위하여

상대를 이해시키는 보고서를 요리에 비유하면?

앞에서 '의미를 이해하는' 것과 '의의를 이해하는' 것이 어떤 상태인지에 대하여 살펴보았다. 그렇다면 상대가 이해하기 쉬운 보고서를 작성하려면 어떻게 해야 할까? 이제 그것에 대하여 생각해보자.

상대를 쉽게 이해시키기 위한 방법 중 하나로 비유를 사용할 수 있다. 다른 것에 비유함으로써 그 본질을 간단히 보여주는 것이다.

여기서는 '쉽게 이해한다'는 말을 '맛있다'는 말로 바꿔 생각해보자.

'맛있다'는 것은 과연 어떤 상태를 말하는 것일까?

첫째는 재료의 질과 양, 요리법이 적절하여 이른바 '먹기 쉬운' 상태다. 당근이 통째로 요리되어 나오면 먹기 어렵지만 잘게 잘라

수프로 끓여 내오면 손쉽게 먹을 수 있다. 이런 의미에서 잘 씹히고 부드럽게 목으로 넘어갈 수 있도록 적절히 요리한 것이 '맛있는' 상태라 말할 수 있다.

이것을 보고서로 바꿔서 생각하면, 정보의 양과 질이 적절하여 머릿속에 수납하기 쉬운 상태라 할 수 있다.

둘째는 메뉴나 식단이 그때의 상황이나 상대의 몸 상태와 조화를 이루어야 한다. 사실 모든 사람이 '맛있다'고 느끼는 요리는 세상에 존재하지 않는다. 그 사람이 처해 있는 상황이나 몸 상태에 따라 맛이 크게 좌우되기 때문이다.

예컨대 한여름 폭염 속에서 몹시 뜨거운 라면이 식탁에 오르면 제아무리 라면이라면 사족을 못 쓰는 사람이라도 '잠깐! 지금은 먹고 싶지 않아'라고 생각할 것이다. 혹은 사막에서 죽을 만큼 심한 갈증을 느끼는 상황이라면 비록 물 한 잔이라도 몹시 달게 느껴질 것이다.

이처럼 자신이 처해 있는 상황이나 몸 상태에 맞춘 메뉴나 식단이어야만 맛있게 느껴진다. 이것이 또 다른 '맛있는' 상태라 말할 수 있다.

이것을 보고서로 바꿔서 생각하면, 어떤 상황에서든 모두가 쉽게 이해하는 보고서가 아니라 상대나 그 상대가 놓여 있는 상황을 배려한, 각각의 사람에게 맞춘 도큐멘테이션을 의식할 필요가 있다. 그것이 논리적으로도 감정적으로도 받아들이기 쉬운 상태인 것이다.

보고서 작성에서 테크닉의 의미

이러한 점들을 하나하나 고려하여 상대를 쉽게 이해시키고 메시지가 전달되는 보고서를 만드는 데 필요한 능력과 마음가짐은 무엇일까?

먼저 의미가 이해된다는 것은 정보의 양과 질이 적절하여 머릿속에 간단히 수납되는 상태를 가리키며, 요리에 비유하면 음식의 질·양·조리법이 적절하여 손쉽게 먹을 수 있는 상태다.

이 상태의 요리를 제공하기 위하여 필요한 능력은 역시 요리하는 테크닉이다. 채소를 메뉴에 따라 적절하게 썰고 재료의 맛을 최대한 살리도록 볶는다. 이는 프로 요리사라면 반드시 갖춰야 할 기본적인 능력이다.

보고서 작성에서 '친절한 마음'이란

또 하나, 의의가 이해된다는 것은 논리적으로도 감정적으로도 쉽게 받아들이는 상태를 말한다. 예컨대 요리가 그때의 상황이나 상대의 몸 상태에 알맞은 것이라 할 수 있다. '지금 몹시 바빠 보이니 뜨거운 요리를 먹을 상황이 아니구나, 그렇다면 간편하게 주먹밥을 내는 것이 좋겠다', 혹은 '회복기이니 소화가 잘되는 것이 좋겠다'는 생각에서 그에 적합한 메뉴를 낼 수도 있다. 똑같은 요리

[도표 02] 두 가지 측면의 이해를 요리에 비유하면

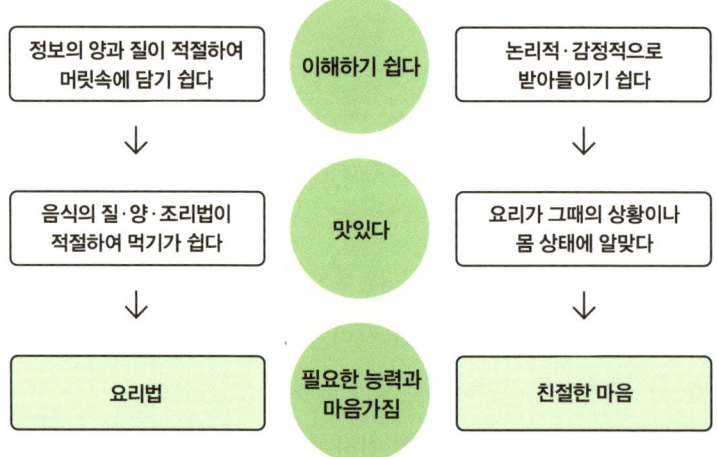

라도 상대가 도호쿠東北 지방 출신이라면 짭짤하게 간을 하는 등 상대를 생각하는 마음을 담아야 한다.

이런 요리를 제공하는 데 필요한 것은 능력이라기보다 마음가짐, 이른바 '친절한 마음'이다.

비즈니스퍼슨으로서 아직 커리어가 쌓이지 않은 사람은 테크닉 측면에서 부족한 경우가 많다. 따라서 무엇보다 식재료를 어떻게 자를 것인지, 불 세기를 어떻게 조절하고 얼마간 볶을 것인지 등 요리의 기본에 해당하는 보고서 작성법을 확실히 익혀두어야 한다.

비즈니스 현장에서 커리어가 쌓이고 직위가 오를수록 보고서 작성의 상황은 점차 복잡해진다. 한 가지 기본적인 방식을 알고 있어도 그것을 상대에 따라, 상황에 따라 적절히 변형시켜야 하기 때문이다.

  이탈리아 요리 전문가라도 이탈리아 사람들이 선호하는 요리만 고집해서는 통용되지 않는다. 이탈리아 요리를 기본으로 하면서 한식 재료를 사용하거나 프랑스식 풍미를 가미하는 등 다양한 대응책을 갖고 고객을 대할 필요가 있다.

  비즈니스에서도 커리어를 쌓을수록 상대의 기호나 상황에 맞춘 '친절한 마음'이 중요해진다. 덧붙이자면, 그것 없이는 자신을 차별화하는 데 실패하고 만다.

03 보고서가 갖춰야 할 세 가지 요건

요건 ① 상대의 기대치를 이해하라

지금 우리가 살고 있는 시대는 프로가 되지 않으면 살아남을 수 없다. 그리고 프로가 만드는 보고서는 세 가지 요건을 갖춰야 한다.

하나는 상대의 기대치를 이해하는 것이다. 이것은 앞에서 언급했던 '친절한 마음'에서 파생된 것으로 상대방이 무엇을 원하는지를 알아채는 것을 의미한다. 예를 들어 상대가 한시라도 빨리 알고자 하는 것은 무엇인지, 반대로 시간을 충분히 들여서 정보 수집을 하려는 것은 무엇인지, 혹은 알려고 하기보다 의사결정을 하고자 하는 것인지 등등 상대의 기대치를 우선적으로 이해할 필요가 있다.

보고서를 작성하고 그에 대한 설명을 마쳤을 때 상대가 '내가 원했던 것은 이것이 아니다'라고 말하면 '그렇다면 처음부터 말해

주면 좋았을 걸' 하고 반론하는 사람도 있는데, 이는 기대치를 읽어내지 못해 출발점에서부터 오류가 발생한 사례라 할 수 있다.

커리어가 쌓이면 기대치도 당연히 높아진다. 당신의 식견이나 독창성, 발상의 힘을 기대하는 것이다. 자칫 기대치를 잘못 읽으면 이후의 노력이 모두 허사가 되어버리고 비즈니스퍼슨으로서의 존재 의의도 흔들리니 반드시 유의해야 한다.

요건 ❷ 달성 기준을 높여라

프로로서 높은 달성 기준을 충족시켜야 한다. 달성 기준이란 두말할 필요 없이 보고서의 높은 퀄리티를 의미한다. 최근에는 특히 속도도 중요시되고 있다.

꼬박 하루에 걸쳐서 작성한 것과 30분 만에 작성한 것이 동일하다면 후자가 당연히 더 높은 가치를 지닌다. 수많은 비즈니스퍼슨이 늘 바빠 시간에 쫓기며 안간힘을 쓰고 있다. 따라서 보다 짧은 시간에 고품질의 보고서를 만들 것, 이것이 프로로서 갖출 요건 중 하나다.

여담이지만, 과거에 「요리의 철인」이라는 텔레비전 방송 프로그램이 방영된 적이 있다. 그 방송에서는 철인이라 불리는 일류 요리사가 30분 혹은 한 시간이라는 정해진 짧은 시간 동안 음식을 만들어 자신의 실력을 뽐냈다. 프로의 프로그램이기에 가능한 일이다. 제아무리 맛있는 요리라도 '반나절 걸려 만들었다'면 감동은 옆어질 수밖에 없다. 눈이 휘둥그레질 만큼 빠른 속도로, 게다가 매우 높은 퀄리티의 요리를 만들어낸다. 그 퀄리티와 스피드가 텔레비전 방송이라는 공간에서 감동을 낳는다.

물론 좋은 것을 만들어내기 위해서는 시간과 노고가 필요하다. 그러나 프로라면 좋은 것을 빠른 시간 내에 만들어낼 수 있어야 한다. 그러기 위해 직접 몸을 움직이며 속도를 향상시키는 연습을 해야 한다. 또한 보다 짧은 시간에 질적으로 우수한 자료를 만들겠다는 도전의식을 가져야 한다.

나는 부하직원에게 보고서 작성법을 알려줄 때 "시간이 얼마나 걸릴 것 같아?"라고 먼저 예상 시간을 묻는다. 그 물음에 "사흘"이라고 대답하면 "그럼 하루 만에 끝내도록 해"라고 다소 빡빡하게 기한을 설정한다.

사흘 걸릴 것이라 생각되는 작업을 단 하루 만에 완성하려면 '무엇을 건너뛸 것인가, 어떤 절차를 밟으면 가능한가'에 대하여 철저하게 생각하는 과정을 밟아야 한다. 그런 경험이 하나씩 쌓이면 비즈니스퍼슨으로서의 능력이 향상된다.

요건 ③ 안심·만족·감동을 선사하라

안심·만족·감동을 선사해야 한다. 안심과 만족을 충분히 채우고 최종적으로 감동을 안겨주는 차원에 다다른다면 최고라 말할 수 있다.

먼저, 안심 차원에서 꼽을 수 있는 요소로는 '오탈자가 없어야 한다, 들여쓰기가 되어 있어 보고서를 받아보는 사람이 기분 좋게 볼 수 있어야 한다' 등이다. 이는 매우 초보적인 요건이지만, 이런 실수를 저지른 보고서를 드물지 않게 볼 수 있다.

특히 돈을 받고 서비스를 제공하는 우리 컨설턴트 같은 사람이 이런 실수를 저지르면 고객에 대한 배려가 결여되었다고 생각해 고객과의 관계가 치명적인 위기로 치닫기도 한다. 이는 필수적으로 갖춰야 하는 최소한의 요건이다.

이어서, 만족에 대하여 살펴보자. 상대가 알고자 하는 바가 총망라되어 있는지, 상대의 흥미·관심에 맞는지, 상대의 지식수준에 제대로 대응하고 있는지 등등 상대가 애초부터 갖고 있던 기대를 충분히 만족시키는 단계다.

보고서 작성력은 이들 두 단계를 충족시키고 마지막으로 감동을 선사하는 단계까지 다다라야 한다. 그렇다면 감동을 선사하는 단계란 무엇을 말하는 것일까? 구체적으로 말하면, 사람을 움직이는 능력이 요구되는 단계다.

비즈니스 보고서는 원래 상대에게 어떠한 행동을 하도록 요구하는 것이다. 따라서 '그렇다면 나도 한번 움직여볼까' 하는 상대의 심금을 울리는 힘이 있어야 한다.

이 세 가지 단계 중에서 안심 단계는 앞에서 말한 요리의 테크닉으로 무마할 수 있지만, 만족과 감동이라는 단계로 나아가려면

[도표 03] 보고서가 갖춰야 할 세 가지 요소

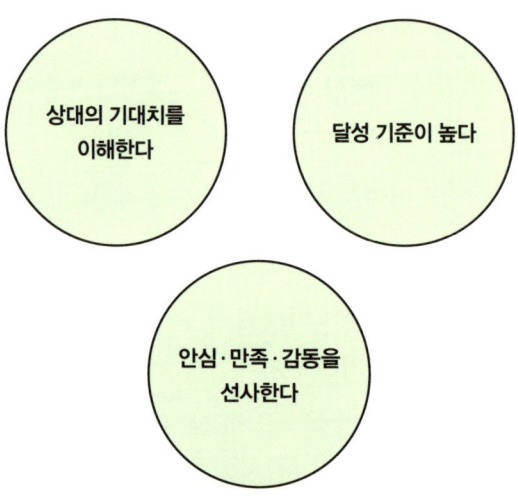

'친절한 마음'이 반드시 필요하다.

　지금까지의 설명을 한마디로 정리해보면, 보고서란 상대의 기대를 파악하고 높은 품질로 상대에게 감동을 선사하는 것이라 할 수 있다.

# 상대를 이해시키고 메시지가 전달되는 보고서 작성의 단계

네 가지 프레임워크와 다섯 가지 단계

　이제부터 이들 프로의 요건을 갖춘 보고서를 어떻게 만들 수 있는지, 보고서 작성의 단계에 대해 설명해보도록 하겠다. 우선 '도표 04'의 다섯 가지 단계를 보자.

　먼저 '무엇을 위해서', '누구에게', '무엇을', '어떻게'라는 네 가지 프레임워크로 작성하고자 하는 보고서의 개요를 파악한다.

　맨 처음 [Step 1]에서 '무엇을 위해서'라는 목적을 설정한다. 이어서 [Step 2]에서 '누구에게', 즉 타깃에 대하여 철저하게 생각한다. 그리고 [Step 3]에서는 그 타깃에게 '무엇을' 전달할 것인지, 상대에게 전할 '메시지'를 만든다.

　'누구에게(타깃)'와 '무엇을(메시지)' 중 어느 것을 먼저 설정해야 하는지에 대해서는 의견이 분분하지만, 역시 상대가 있어야 이야기가 성립하기 때문에 기본적으로는 먼저 '타깃'을 설정한다. 전해

[도표 04] 이해하기 쉬운 보고서 작성의 단계

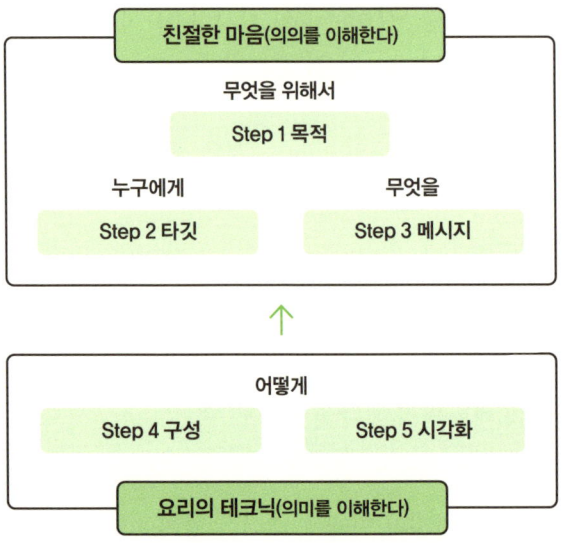

야 할 메시지가 앞서고 타깃을 나중에 설정하는 경우도 물론 있을 수 있다.

  하지만 보고서를 작성할 때는 설정한 타깃을 면밀히 분석하고 메시지나 어떻게 전달할 것인지에 대한 방법을 고민할 필요가 있다. 그러므로 역시 타깃을 정하고 그에 상응하는 메시지를 생각하는 것이 기본적인 순서이다.

  여기까지 마친 시점에서 이후 보고서를 구체적으로 만들기 위한 '어떻게'에 대하여 살펴본다. [Step 4]에서는 보고서의 구성을 생각하고, [Step 5]에서는 시각화한다. 즉 보고서라는 눈에 보이는 형태로 담아낸다.

요리에 비유하여 생각해보면, 위의 세 가지 [Step 1]부터 [Step 3]까지는 '친절한 마음'을 구사하여 사고하는 단계에 해당한다. 가장 먼저 생각해야 할 것은 '상대에게 어떤 느낌을 안겨주고 그가 어떤 행동을 해주길 바라는가'이고, 그다음에는 '상대는 어떤 기호를 가지고 있는가, 몸 상태나 상황은 어떠한가'를 생각하고 거기에 맞춰 코스메뉴를 생각하면 된다.

그리고 이후의 [Step 4]와 [Step 5]는 실제 요리를 만드는 단계로 요리의 테크닉이 발휘되는 부분이다.

가장 중요한 것은 타깃을 확인하는 것

앞에서 보고서 작성의 '목적'을 명확히 하고, '타깃'을 알고, 전해야 할 '메시지'를 뽑아 효과적으로 전하기 위한 '구성'을 생각하고 최종적으로 '시각화'한다고 이야기했다. 그런데 그 가운데서 가장 중요하지만 의외로 경시되는 것이 [Step 2]의 '타깃'이다.

때때로 목적을 명확히 하고, 훌쩍 한 단계를 건너뛴 다음에 자신이 말하고자 하는 메시지로 곧장 들어가는 사람이 있다. 그들 대부분이 이미 타깃에 대하여 알고 있다고 생각하지만 이는 대단한 착각이다. 실제로 그들은 타깃을 안중에도 두지 않는다.

비즈니스 보고서는 거의 대부분의 경우 상대에게 호소하여 어떤 행동을 촉구하기 위해 만들어진다. 따라서 '그 상대가 어떻게 하면 움직일 것인가' 하는 철저한 타깃 분석이 선행되어야 한다. '타깃에 대한 분석 없이 프로의 도큐멘테이션은 성립되지 않는다'고 해도 과언이 아니다.

의의의 이해를 돕는 보고서 작성법

목적, 타깃, 메시지를 명확히 하라

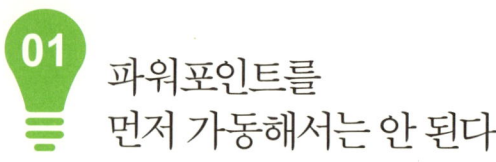

파워포인트를 먼저 가동해서는 안 된다

목적이나 메시지의 정의에서 시작하라

도큐멘테이션 연수를 하거나 부하직원에게 보고서 작성법을 알려줄 때 자주 하는 말이 있다.

파워포인트를 사용하지 말고, 일단 손으로 써보라.

직접 손으로 적으면 아무래도 형식보다는 본질적인 메시지에 집중하게 된다.

그렇기 때문에 일단 종이에 적는 과정을 통해 본질적인 메시지가 무엇인지를 확인할 필요가 있다. 이를 통해 자신이 어떻게 생각하고 있는지―혹은 처음부터 아무 생각도 하지 않았다는 것도―확인할 수 있다.

나는 보고서를 작성할 때 '목적', '타깃', '메시지', '구성'의 앞부분을 우선 종이에 적어보고 난 뒤 컴퓨터로 단숨에 작성한다.

파워포인트나 워드, 엑셀…… 툴이 무엇이든 컴퓨터 앞에 몇 시간이고 꼼짝 않고 앉아 있는 사람이 있다. 얼핏 보기에는 열심히 보고서를 작성하는 것 같지만, 이런저런 색으로 바꾸거나 나열하는 순서를 바꾸거나 작성 도중에 불현듯 자료가 부족하다는 것을 깨닫고 다시 인터넷 검색을 하거나 메일을 보내거나 하고 있을 따름이다. 본질이 아닌 것, 정보 수집에 쓸데없이 시간을 소모하는 일이 많다.

우선 차분히 생각하고 종이에 적는다

이런 행위를 요리에 비유하면, 메뉴를 정하지도 않은 상태에서 느닷없이 장을 보거나 무작정 채소를 썰기 시작하는 것과 진배없다.

매일 먹는 간단한 식사라면 그렇게 해도 충분하고, 요리의 달인이라면 장 보러 가서 발견한 식재료로 멋지고 훌륭한 요리를 만들 수도 있을 것이다. 그러나 요리에 서툰 사람이 손님을 대접하기 위해 요리를 하는 경우라면 그런 방법으로는 백발백중 실패할 수밖에 없다.

그렇다면 어떻게 하면 좋을까? 먼저, 메뉴나 테이블을 어떻게 꾸밀 것인지 생각하고 필요한 식자재를 리스트로 작성하고 장을 보러 간다. '스튜를 끓이는 동안에 곁들일 요리를 만든다, 몇 분 전에 테이블에 음식을 낸다' 등 그 진행 과정을 하나하나 정한 후에 손님이 올 시간에 맞춰 요리를 완성시킨다.

가장 먼저 본질적인 부분이나 전체적인 구성을 생각하고 종이에 적어보고, 그다음에 파워포인트나 그 밖의 다른 툴을 사용하여 멋진 보고서를 완성하는 것이다. 이러한 순서가 결과적으로 빠르고 간편할 뿐만 아니라 내용적으로도 우수한 보고서를 낳는다.

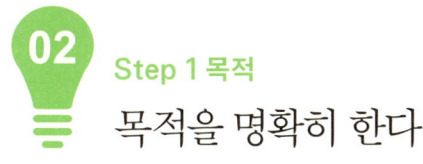

Step 1 목적
목적을 명확히 한다

목적 ① **상대의 어떤 행동을 이끌어낼 것인가**

보고서를 만드는 이유는 자료에 담긴 내용의 의의를 상대에게 이해시키고 실제로 행동을 이끌어내기 위해서이다. 그런데 놀랍게도 '상대가 어떤 행동을 취하기를 바라는가'라는 근원적인 부분이 애매한 보고서가 적지 않다.

당연한 것처럼 들리겠지만, 보고서 작성의 출발점은 '상대에게서 어떤 행동을 이끌어낼 것인가'라는 목적과 달성해야 할 일을 명확히 하는 것이다.

다시 한 번 말하지만, 비즈니스 보고서는 상대가 어떤 행동을 취하길 기대하고 만드는 것이기에 제일 먼저 '상대가 어떤 행동을 취하길 바라는가'를 분명히 해야 한다.

예를 들어 상사에게 제출하는 제안서라면 '내 기획이 회사의 승인을 받고 진행될 수 있도록 지원받겠다'는 목적이 있을 수 있다.

[도표 05] 목적 설정의 3단계

| 1 | 어떤 행동을 이끌어낼 것인가? |

예) 실천 가능한 테크닉을 제안한다.
수강 후 '독특하다'는 인상을 심어준다.

| 2 | 그러기 위해 무엇을 이해시킬 것인가? |

예) 구체적으로 응용 가능한 기술이나 기법
행동의 근간이 되는 중요한 마인드

| 3 | 그러기 위해 어떤 상태가 되어야 하는가? |

예) 바쁜 일 틈틈이 즐거움을 맛본다.
왠지 어려울 것 같지만 나도 해보고 싶다.

연구 자료라면 '수강자에게 실천 가능한 테크닉을 제안하여 업무에 활용되기를 바란다'거나 '연수를 받더니 보고서가 놀랄 만큼 좋아졌다는 평가를 주위 사람들로부터 받는다'는 것이 목적이 될 수 있다.

상대가 어떤 행동을 취해주길 바라는가. 그것이 가장 먼저 생각하고 설정할 사항이다. 가장 기본적인 사항이지만 실제로는 '그래서 대체 무엇을 하라는 말인지 도통 알 수 없는' 보고서가 수두룩하다. 이 단계에서는 명확히 '상대가 어떻게 하길 바라는지'를 머릿속에 그리도록 하라.

목적 ② 그러기 위해 무엇을 이해시킬 것인가

이어서, 상대가 그 행동을 하도록 만들기 위해서는 무엇을 이해시켜야 하는지를 명확히 한다. 예를 들어 개선을 위해 '현황을 이해시키는 것'이나 '현황의 배경에 감춰져 있는 요인을 이해시키는 것'이 이에 해당된다.

여기서 주의할 점은 목적 ②는 목적 ①과 관련될 필요가 있다는 것이다. 때때로 목적 ①의 '어떤 행동을 이끌어낼 것인가'를 건너뛰고 무턱대고 상대가 이해해야 할 것만을 빼곡하게 적은 보고서를 볼 수 있는데, 행동과 무관한 이해는 단순한 정보에 불과할 따름이라 최종적으로 행동으로 이어지지 않는다. 또한 목적 ①의 최종 목표가 불명확할수록 이런저런 정보를 게재하려는 경향이 있다. 무턱대고 정보를 게재할 것이 아니라 우선 목적 ①을 명확히 정한 뒤에 그것을 달성하기 위해 상대에게 어떤 정보를 이해시킬 필요가 있는지, 그에 관련된 작업을 행해야 한다.

목적 ③ 그러기 위해 어떤 상태가 되어야 하는가

세 번째로 '그러기 위해 상대를 어떤 상태로 만들 것인가'에 대하여 생각한다. 보고서를 다 읽은 뒤나 설명을 마친 뒤에 상대를 어떤 상태로 만들 것인가? 상황에 따라 다르겠지만, 예를 들어 영업 제안서라면 '사고 싶다는 마음을 갖게 한다. 그리고 다른 사람에게 이것을 권하도록 만든다', 상사에게 제출하는 보고서라면

'이 제안의 든든한 지원자가 되게 한다' 등 보고서를 다 읽은 후 그 상대가 어떠한 상태이기를 바라는지를 정한다.

'목적 ① 어떤 행동을 이끌어낼 것인가'라는 단계에서 '승인받는다'는 목표를 설정했고 결국 목적을 이루었다 해도 그때 상대가 어떤 상태인지는 매우 다양하게 그릴 수 있다. '적극적으로 그렇게 하겠다' 혹은 '전혀 내키지 않지만 일단 해보자' 등등 다양한 반응이 있을 수 있고, 이는 이후의 행동에 큰 차이를 낳는다.

당신은 상대가 자료를 읽고 어떤 상태에 놓이기를 바라는가? '이는 내게 엄청난 기회이니 거금을 들여서라도 사겠다'며 상대가 가슴 설레는 상태이기를 원하는가? 아니면 거기서 한 걸음 더 나아가, '이러한 내 생각을 다른 사람에게도 전하고 싶다'고 생각하는 상태이기를 원하는가? 이 같은 구체적인 이미지를 머릿속에 또렷이 그린 다음에 당신이 원하는 상대의 상황을 세팅한다.

나는 '강연이나 연수를 받은 수강자가 집으로 돌아간 뒤에 가족에게 이 이야기를 해주었으면' 하고 목표를 설정할 때가 있다. 그러한 때는 '오늘 이런 얘기를 들었는데 말이지……'라며 수강자가 가족에게 이야기하는 모습까지 머릿속에 그린다. 가족에게 이야기를 들려준다는 것은 연수 내용이 머릿속에 있고, 게다가 가족이 이해할 수 있는 언어로 설명할 수 있을 만큼 자기 안에 깊이 받아들였다는 것을 의미하기 때문에 그 상황을 이미지로 그려보는 것이다. 그러면 쉬운 표현이나 구체적인 사례, 자료에 넣어야 할 정보가 저절로 보인다.

목적이 보이지 않는 보고서로는 사람을 움직일 수 없다

지금까지 [Step 1] 목적의 명확화에 대하여 설명했는데, '어떤 행동을 이끌어낼 것인가'를 비롯하여 목적이 불명료해서 손해를 보는 보고서는 의외로 많다. '이런 상품이 있고, 이런 상품도 있다. 또한 이러한 서비스도 있다'는 식으로 설명만 늘어놓는 영업 제안서를 상대가 보고 '그래서 어쩌라고?' 하고 반응하는 경우가 그 전형적인 사례다.

이 같은 사례는 IT업계의 영업 제안서에서 비교적 자주 볼 수 있다. 컴퓨터 유저 비교표나 CPU 성능 비교표 등 단순히 스펙만을 비교한 내용이 빼곡하게 적혀 있을 뿐이라, 그런 제안서를 받아든 상대방의 입장에서는 대체 무엇을 권하는 것인지 도통 알 수가 없다. 상대의 이해 수준을 뛰어넘은 정보를 지나치게 늘어놓으면 무엇을 해야 하는지, 어느 것을 선택하면 좋은지 모르는 상태가 되고 만다. 오히려 상대의 이해를 가로막는 것이다.

이러한 경우는 '최종적으로는 A제품을 추천한다. 그를 위해 B, C라는 요소를 이해시키고 A제품을 선택하면 틀림없다고 확신시킨다'는 ①~③의 목적이 또렷이 설정되지 않은 탓이라 생각한다. 설명을 받은 당사자는 '이것이라면 틀림없다'는 확신을 갖고 결정하겠다는 기대치를 가지고 있는데, 그런 기대치를 내팽개치고 정보를 과도하게 제시함으로써 오히려 의사결정을 방해하는 것이다.

또한 끊임없이 변명을 늘어놓는 경우도 자주 볼 수 있다. 보고서의 목적이 '추가 비용을 받고 싶다', '납기일을 연기하고 싶다'라면 그 목적에 다다르기 위해 필요한 정보만을 선별해 제시해야 하는데, 일방적으로 변명만을 늘어놓는 경우다.

반대로, 칭찬받고 싶은 내용만을 나열하기도 한다. 이는 프로젝트의 성과 보고회에서 흔히 볼 수 있는데, 달성한 성과만을 쭉 나열하는 경우다. '내가 이만큼 열심히 했으니 인정해달라'는 것이 목적이라면 그것으로 충분할지 모른다. 하지만 비즈니스에서 대개의 보고회는 중역에게 자신의 프로젝트가 얼마만큼 분명한 성과를 올리고 있는지를 확신시켜야 한다. 그런 측면에서 보면, 프로젝트의 성과를 실감시키기 위해서는 어떤 보고서로 만들어야 할 것인지에 대하여 생각하는 것이 좋다.

이런 상황은 목적 ③의 '상대를 어떤 상태로 만들 것인가'에 대하여 '상황을 이해시키고 가급적 기분 좋게 움직이게 한다'는 목표를 미리 설정함으로써 피할 수 있다.

연수나 강연의 경우에는 목적이 애매하면 '좋은 얘기지만, 뭘 어쩌면 좋은지 모르겠다'는 감상으로 끝나버리고 만다. 목적을 명확히 한다는 의식을 가지면, 자료 맨 마지막 단락에 '내일부터 이것을 해보라'는 한마디를 덧붙이거나 투두리스트 to do list, 체크리스트를 추가하는 발상으로 이어진다.

목적을 '한마디'로 말하라

목적 ①의 '어떤 행동을 이끌어낼 것인가'를 한마디로 명쾌하게 정리해본다. 단 한 줄이면 충분하다.

비즈니스의 내용이 복잡하면 목적이 단 하나에 국한되지 않고 여러 개가 될 수도 있지만, 세부적으로 파고들면 가장 중요한 목적이 무엇인지 애매해지기 때문에 '한마디로 정리한다'는 의식을 갖는 것이 좋다.

또한 그 한마디에 최종적으로 실현시키고자 하는 메시지를 분명히 담아야 한다. 이는 두말할 나위 없이 중요한 포인트다.

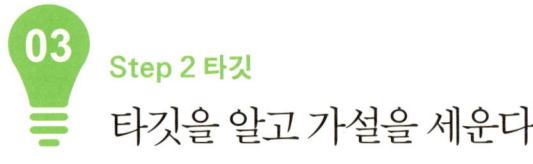

Step 2 타깃
타깃을 알고 가설을 세운다

왜 프로파일링이 보고서 작성에 필요한가?

이어서 [Step 2] 타깃으로 들어가자. 앞 장에서 중요하다고 이야기한 부분이다. 여기서는 일단 자신이 하고자 하는 말은 잊자. 다시 정신을 가다듬고, 타깃의 '기대'와 '이해'를 명확히 하는 방향으로 의식을 향해보자.

나는 타깃을 알기 위해 타깃 프로파일링이라는 작업을 실행한다. 일반적으로 프로파일링은 특정 인물의 행동 이력을 심리적인 측면에서 분석하여 행동 특성을 명확히 하는 것으로, 그 사람에게 어떤 행동을 일으키는 가장 효과적인 방법 중 하나이다.

구체적으로는 타깃의 인물상이나 그 사람에 대한 정보를 분석함으로써 상대가 어떤 '기대'를 가지고 있으며 어느 정도의 '이해' 수준인지를 명확히 하고, 그것을 근간으로 무엇을 어떻게 전하면 가장 효과적인지, 즉 가설을 세우는 것을 말한다.

보고서 작성에 왜 이 같은 프로파일링이 필요한 것일까? 실패로 끝나버린 보고서는 크게 두 가지로 분류할 수 있다.

하나는, 상대의 기대를 이해하지 못한 보고서다. 보고서는 당연히 그것을 볼 상대가 있다. 상대가 무엇을 기대하는지 이해하지 못한 채 보고서를 작성하면 핵심에서 빗나가서 결국 상대에게 '내가 듣고 싶었던 것은 그것이 아니다'라고 꾸짖음을 받을 수밖에 없다. 당신 역시 보고서를 보는 입장일 때 자주 경험했던 일일 것이다.

다른 하나는, 상대의 이해도를 고려하지 않은 보고서다. 이런 보고서는 전하고자 하는 주제에 대하여 상대가 어느 정도의 지

[도표 06] 타깃 프로파일링

일단 자신이 '말하고자 하는 바'를 잊고
타깃인 상대의 기대와 이해를 명확히 한 뒤에
무엇을 어떻게 전할 것인지에 대하여 생각한다.

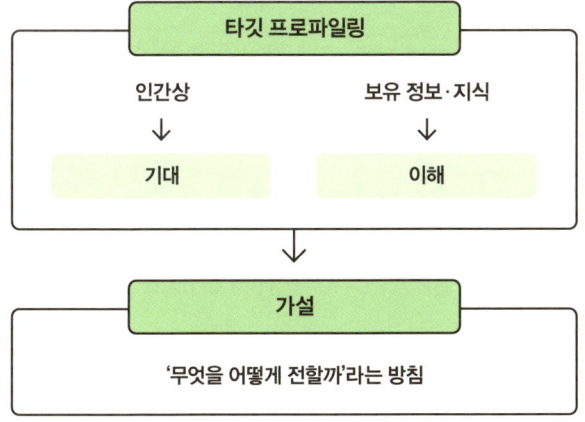

식이나 정보를 가지고 있는지 전혀 고려하지 않고 일방적으로 설명해서 결국 상대가 '대체 말하고자 하는 바가 무엇인지 잘 모르겠다'고 생각하게 만든다.

이처럼 상대가 무엇을 기대하는지, 그에 관한 이해 수준은 어느 정도인지 파악하는 일을 어느 하나라도 간과하면 효과적인 보고서를 만들 수 없다.

프로파일링으로 파악하는 이 두 가지에 대하여 좀 더 자세히 살펴보자.

① 기대-상대의 기대를 파악한 뒤, 배반한다

상대의 기대에 부응하려면 무엇이 필요할까? 우선은 '이런 것을 듣고 싶다'고 상대가 직접 말한 것, 결국 겉으로 드러난 기대를 파악해야 하고 그에 덧붙여 그 이면에 숨어 있어서 아직 상대조차도 언어화하지 못한 잠재적인 기대를 추측해야 한다.

알기 쉬운 보고서를 만든다고 평가받는 사람은 반드시 상대의 기대를 뛰어넘는 것을 제공한다. 뒤집어 말하면, 상대의 어떤 행동을 이끌어내고자 할 때에 상대가 기대한 대로 설명한들 아무런 영향력도 미치지 못한다. 상대가 가진 기대를 파악한 뒤에 그것을 여지없이 배반할 필요가 있다. 기대를 뛰어넘을 필요가 있다는 뜻이다.

'당신은 이렇게 생각할지 모르지만 사실은 그렇지 않다. 이런

[도표 07] 타깃 프로파일링으로 확인해야 할 것

기대는?
- 겉으로 드러난 기대(상대가 한 말)를 깊이 파고들었는가?
- 상대의 기대와 자신이 말하고자 하는 바를 바꿔치기하지는 않았는가?
- 상대에게 의외성을 느끼게 하는 것은 무엇인가?

이해 수준은?
- 상대가 알고 있는 것 / 모르는 것을 상정할 수 있는가?
- 상대에게 익숙한 용어, 전문용어를 상정할 수 있는가?
- 상대가 이해하기 쉬운 비유, 사례는 무엇인가?

것이다'라고 상대의 기대를 뛰어넘는 내용을 제시하면 "헉! 그 정도의 영향력이 있으리라고는 미처 깨닫지 못했다. 그렇다면 해보자"라고 쉽게 행동으로 이어진다.

그러나 상대가 겉으로 보여준 기대조차도 제대로 파악하지 못하고 그 자리에 '자신이 말하고자 하는 것'을 대체해 넣는 경우를 우리는 수도 없이 목격한다. 억측으로 '상대가 듣고자 하는 것은 틀림없이 이것'이라고 제아무리 밀어붙여도 그것으로는 당연히 상대를 납득시키기 어렵다.

② 이해-상대의 언어에 맞춘다

설명하려는 주제에 대한 상대의 이해 수준을 파악하는 것은 이해하기 쉬운 보고서 작성에서 기본이 된다.

예컨대 '○○업계 사람이라면 이 언어에 익숙하지만, 상대는 이 용어가 낯설지 모른다'는 식으로 언어나 개념에 대하여 상대가 보유하고 있는 정보를 먼저 상정하면 된다. 자신이 프레젠테이션을 하는 도중에 당연하다는 듯이 사용했던 언어의 의미를 상대가 모르는 경우도 실제로는 허다하다. 업계 용어나 영어, 약어는 특히 사용에 많은 주의가 필요하다. 그렇다고 무엇이든 사용하지 않는 것이 옳은 것은 아니다.

업계 내의 대다수가 당연히 알고 있는 말이라면 오히려 그것을 사용해야 공감을 얻어 이야기를 수월하게 풀어갈 수 있다.

또한 이야기를 쉽게 들려주기 위해 사례나 비유를 사용할 때도 상대의 연령이나 몸담고 있는 업계 등의 환경과 이해 수준을 더불어 고려하지 않으면 효과는 반감되고 만다.

프로파일링 시트 작성법

이처럼 보고서를 작성할 때는 상대의 기대와 이해를 파악할 필요가 있는데, 그러기 위해서는 사전에 프로파일링을 하는 것이 중요하다. 나는 프로파일링을 할 때 '도표 08'과 같은 '프로파일링 시트'를 사용한다. 항목을 하나하나 채우면 프로파일링이 완성된다.

타깃

먼저 타깃에 대하여 살펴보자. 타깃이란 결국 보고서를 볼 상대

[도표 08] 프로파일링 시트

타깃	① 메인 타깃		② 서브 타깃
프로파일링		인물상	기대
	① ②	각 타깃의 역할과 관심	어떻게 해주길 바라는가?
		정보	이해
	① ②	보유 정보의 폭과 깊이	어느 정도 이해하고 있는가?
가설	'무엇을 어떻게 전할까'라는 방침		

가 누구인가를 정하는 것이다. 타깃으로는 메인 타깃과 서브 타깃을 설정한다.

예컨대 상품 구매를 목적으로 하는 프레젠테이션 제안서일 경우에는 실제로 상품을 사용하는 사람과 돈을 지불하는 구매자가 다른 경우가 의외로 많다. 어린이용 장난감처럼 말이다. 이 경우, 사용자인 아이들은 메인 타깃이고 구매자인 부모는 서브 타깃이 된다.

프로젝트의 성과 보고회인 경우에는 프로젝트의 총지휘자인 중역이 메인 타깃이고 현장 리더나 실제 사용자가 서브 타깃이 될 수 있다.

강연인 경우에는 청강생이 메인 타깃이고 강연을 의뢰한 사람을 서브 타깃으로 설정하여 강연 의뢰자가 나를 통해 청중에게 전하고자 한 것을 자료에 담는다.

타깃 중 어느 쪽이 메인이고, 어느 쪽이 서브인지는 경우에 따라 뒤바뀌기도 한다. '장수를 쏘려면 먼저 말을 쏘라'는 속담이 있듯이 서브가 만족함으로써 메인도 납득하는 경우가 있기 때문에 메인과 서브는 그때그때 상황에 따라 판단한다.

또한 강연이나 연수는 '평사원'을 대상으로 하는 경우가 있는데, 타깃이 지나치게 폭넓어서 '인물상'을 특정하기 어렵다면 대상을 더욱 세분화한다.

예컨대 '2:6:2의 법칙'을 활용할 수 있다. 이는 어떤 집단에는 우수한 사람이 20퍼센트, 평범한 사람이 60퍼센트, 평균 이하의 사람이 20퍼센트가 있다는 법칙인데, 이것을 기준으로 삼아 어느 정도를 메인 타깃으로 할지 결정할 수 있다. 상위 20퍼센트의 사람을 메인 타깃으로 우수한 사람이 만족하는 내용을 만들 것인가, 아니면 일반인을 메인 타깃으로 삼을 것인가? 이 결정에 따라 만드는 자료도, 이야기하는 내용도 달라질 것이다.

가령 일반 사원을 메인 타깃으로 한 경우, 상위층 20퍼센트를 무시해버리면 연수나 강연 전체의 만족도가 떨어지기도 한다. 그것을 피하려면 '지금 이야기한 것은 일반적인 사례이지만, 좀 더 특별한 사례도 있다'며 정보를 보완하거나 '오늘은 시간 관계상 여기까지 소개하지만, 상세한 내용에 대하여 알고 싶은 사람은 개별적으로 문의하라'는 전제를 두어 상위층의 존재를 인식하고 그들의 요구에도 얼마든지 대응 가능하다는 메시지를 전달함으로써 만족도 저하를 미리 막을 수 있다.

인물상

타깃이 명확해지면 이어서 그 '인물상'을 그린다. 인물상은 수직과 수평, 즉 세로축과 가로축으로 살펴본다.

먼저 세로축은 역사나 경력 등 시계열의 정보를 말하는데, 그 사람의 출생이나 커리어를 먼저 짚어본다.

이어서 가로축은 현재 놓여 있는 상황을 가리킨다. 가로축를 얼마만큼 넓게 잡을지는 경우에 따라서 각기 다르지만, 가장 좁게 잡아도 타깃이 되는 인물이 지금 무엇을 하고 있는지를 포함해야 한다. 즉 현재 맡고 있는 업무의 내용이다.

가로축을 조금 더 확대하면 그 사람이 몸담고 있는 부서 전체의 업무 내용, 동료, 나아가 관련 부문으로 범위를 넓힐 수 있다. 또한 좀 더 구체적인 이미지를 떠올리기 위해서 '그 사람이 하루를 어떻게 보내는가'를 생각할 수 있다. 예컨대 활동적인 사람이라면 아침 7시부터 미팅을 하고 그 이후 5분 간격으로 짜인 스케줄대로 바삐 움직일 것이다. 그처럼 그 인물의 일상생활을 파악하거나 월간이나 연간 업무 중 가장 중요한 부분을 파악하는 것도 유효하다.

또한 타깃이 개인이 아니라 그룹인 경우 그들이 처한 상황이나 공통항을 파악한다. 예컨대 젊은 층이라면 '유토리 교육(餘裕敎育, 경험 중시형 교육방침으로 학습 시간과 내용을 줄이고 여유로운 학교 교육을 목표로 한다-옮긴이)을 받으며 성장한 세대'라고 정의하고 이를 세로축의 정보로 파악할 수 있다. 부서라면 어떤 업무가 많은지, 데스크 업무가 많지는 않은지, 관련 부서나 시장으로부터 어떤 기대나 압력을 받고 있는지 등등을 가로축 정보로 파악할 수 있다.

기대

여기서는 상대의 기대, 즉 상대가 '무엇을 원하는지'를 파악한다. 이는 매우 중요한 부분이다.

기대라고 하면 간단하게 들릴지도 모르지만 그 범위가 매우 넓기 때문에 좀 더 인수분해를 해서 생각해봐야 한다. 기대치를 다른 말로 하면 '우선순위'와 '판단기준'이라 할 수 있다. 주변에 흔히 있는 사례인데, 여성에 대한 기대로서 용모를 최고의 우선순위로 꼽는 남성이 "이번에 미스코리아처럼 아름다운 사람과 만나게 해줄게"라는 말을 들었다면 기대치는 높아질 수밖에 없다. 이와 비슷하다.

타깃이 최고의 우선순위로 생각하는 사항은 무엇인가? 매출인가, 이익인가. 혹은 속도감인가, 혁신성인가. 예컨대 일류회사는 안정성보다 독자성 혹은 독창성의 우선순위가 높아서 어디에나 있을 법한 흔한 제안으로는 대개 그들의 기대를 뛰어넘기 어렵다. 반대로 시장 확대를 노리는 기업은 대개 독자성보다 수익성에 더 큰 우선순위를 둔다.

물론 상대가 우선순위를 갖지 않는 경우도 있다. 예컨대 신임으로 무엇이 중요한지 아직 그 자신도 파악하지 못한 경우다. 이러한 경우에는 '중요한 것은 이것'이라는 식으로 상대의 우선순위를 정하는 계몽적인 내용으로 보고서를 작성하는 것이 유효하다.

어떤 사항의 우선순위가 높은지 명확히 파악했다면 이제 '어느 정도라면 영향력을 미칠 수 있을까?'를 생각할 차례다. 상대의 판단기준을 추측하는 것이다. 예컨대 '삭감효과 10퍼센트로는 영향을 미치지 못하지만 20퍼센트라면 움직인다'라는 식의 기준이다. 이 기준은 그때그때의 상황에 따라 유동적이다.

무슨 일을 해도 도저히 그 기준을 만족시킬 수 없다는 것을 깨닫는 경우도 있다. 그럴 때는 '가설'을 생각할 때 어떤 데이터를 제시해야 그 판단기준을 바꿀 수 있을지를 검토해야 한다.

상대의 판단기준을 다른 것으로 바꾼다니 전혀 불가능한 일처럼 들릴지도 모른다. 하지만 분명히 가능한 일이고, 이를 가능케 하는 방법에 대해 약간의 조언을 하고자 한다.

의사결정에 작용하는 여섯 가지 심리

『설득의 심리학』이라는 유명한 책이 있다. 이 책에는 사람의 의

사결정과 행동에는 아래의 여섯 가지 심리가 작용한다고 쓰여 있다.

1. 상호성
어떤 도움을 받으면 그에 보답하고자 하는 심리가 생긴다.

2. 일관성
회사가 부여한 사명이나 그 사람의 심정에 맞는 것에는 '노'라고 말할 수 없는 심리. 예를 들어 '이 계획은 당신이 하고자 하는 일과 같다'는 점을 어필하면 거절하기 어렵다.

3. 사회적 증거
'세상 사람들이 모두 이렇다'는 말을 들으면 자신도 똑같이 하지 않으면 안 될 것 같은 생각이 든다.

4. 호감
좋아하는 사람의 요구에는 응하고자 하는 심리. 동일한 프레젠테이션이라도 호감을 느끼는 사람이 할 때와 그렇지 않은 사람이 할 때의 인상은 전혀 다르다.

5. 권위
'저명한 사람이 말했다, 그 분야 최고 전문가의 말이다' 등의 말에 좀처럼 거스르지 않는 심리. 의외로 이 권위에 약한 사람이 많다. 이런 부분도 프로파일링에서 이끌어내어 '이미 부장님은 뜻을 모아주기로 했다'는 말로 말문을 연다.

6. 희귀성

'지금 한정으로', '마지막 하나', '당신에게만'이라는 말을 들으면 불현듯 지금 결정하지 않으면 손해를 볼 것만 같은 심리. 상품을 판매할 때에 자주 사용하는 수법이다.

상대의 판단기준을 바꿀 필요가 있을 때는 이 여섯 가지 심리를 염두에 두고 공략 포인트를 찾는 것이 효과적이다.

정보

상대를 설득하는 보고서를 작성할 때에는 상대방이 보유하고 있는 '정보'를 파악해야 하는데, 이 카테고리는 크게 'Why'의 정보, 'What'의 정보, 'How'의 정보 세 가지로 나눌 수 있다. 여기서는 각각의 카테고리에 대하여 상대의 보유 정보량을 'H(High)', 'M(Middle)', 'L(Low)'로 표시하여 이후 가설을 세울 때 어디에 무게를 두고 설명할 것인지를 분석할 것이다.

또한 '도표 08'에서는 '정보'에 대해 네 가지 항목을 설정했는데, 여기서는 세 가지라도 혹은 다섯 가지라도 상관없다. Why, What, How의 세 가지 카테고리에서 각각 핵심이 되는 항목을 적절히 설정하면 된다.

먼저, Why에 대하여 설명해보자. 결국 '왜 그것을 해야만 하는가?'에 대해 상대의 정보량을 파악하는 항목이다. 만일 'L(모르는)'

인 경우에는 Why의 정보(왜 그것을 해야만 하는가)에 대하여 배경이나 원인의 분석 데이터, 플랜의 콘셉트를 중심으로 이야기를 진행시킬 필요가 있다.

예를 들면 지식경영 시스템(Knowledge Management System, 직원 개인이 가지고 있는 지식을 기업 전체의 지식으로 공유화하여 기업의 창조성을 향상시키는 경영 기법-옮긴이)의 도입을 촉구하는 경우에 상대가 보유한 Why의 정보가 낮다면, "업무에서 정보 검색에 얼마만큼의 시간을 들이고 있는지 아십니까?"라는 질문을 던지고 '조사에 의하면, 일반적으로 직원들이 정보 검색에 사용하는 시간은 연간 150시간으로 거의 1개월은 무엇인가를 찾는 데 쓰고 있다'는 식으로 Why의 정보를 명확히 제시한 후에 지식경영 시스템의 필요성으로 이야기를 이어가면 된다.

다음으로 What의 정보에 대하여 설명해보자. 이것은 상대가 해결책 자체를 알고 있는지에 대한 것이다. 지식경영의 경우, 그 종류의 어플리케이션이나 툴을 해결책으로 알고 있는지 그 보유 정보량을 측정한다. 단순히 아는 것에 그치는 않고 이미 도입했다면 H(잘 알고 있다)이고, 도입을 검토 중에 있다면 툴은 알아도 실제 운용 과제는 완전히 모르기 때문에 M이다. 이러한 상황에 따라 프레젠테이션의 공략법도 달라진다.

세 번째는 How의 정보다. Why의 정보, What의 정보, 즉 '왜 그것을 해야만 하는가', '무엇을 하면 좋은가'를 이해했다면 이제 구체적으로 '어떻게 하면 좋은가'라는 단계에 돌입한다. How의 정보란 사례나 실현 방법에 대한 것이다. 예를 들어 L이라면 타사의 사례나 상세한 진행 방법, 상정된 과제에 대한 대응책 같은 실현 방법을 구체적으로 보여주어 상대가 머릿속으로 실제 이미지를 명확히 그릴 수 있도록 해야 한다. 그러면 상대는 안심하고 프레젠테이션을 들을 수 있다.

또한 이 책에서는 카테고리 각각의 평가에 대하여 지식량을 기준으로 하여 H, M, L로 구분하는 방법을 소개했지만, 이 외에도 언어(용어만 안다), 지식(어떠한 것인지 지식으로써 이해한다), 본질(본질까지 이해하고 있다)처럼 개념으로 나누는 방법도 있다. 이는 상황에 따라 골라서 사용하면 된다.

이해

'이해' 단계에서는 상대가 보유한 정보 하나하나의 수준부터 보고서를 통해 전하고자 하는 내용에 대한 상대의 이해가 어느 정도인지 그 전체상을 이끌어낸다. 예컨대 '콘셉트는 이해하고 있지만 도입 접근이나 정착 방법은 모른다', '주제에 대하여 일가견이 있어 통설을 그대로 설명했다가는 실패할 것이 자명하다' 등등이 이해 수준의 전체상이다.

이해 수준의 전체상을 파악하지 않으면 어떻게 될까? 예컨대 상대가 Why, 결국 '왜 하는가'에 대하여 충분히 납득하지 못한 경우에는 구체적인 How를 이야기해도 쓸데없이 시간만 소모할 따름이다. 자신이 말하고자 하는 본론으로 불쑥 들어갈 것이 아니라 메시지를 확실히 이해시키기 위해서라도 상대의 이해 수준의 전체상을 명확히 파악할 필요가 있다.

이해 수준의 전체상에 따라 보고서의 구성도 달라진다. 상대에게 Why의 정보가 적다면, 자료의 전반부에는 계몽적인 내용을 일정량 할애할 필요가 있다. 한편 이미 위기의식이나 학습 수준이 높으면 초반부터 구체적인 내용, 결국 What이나 How에 무게를 두면 된다.

또한 상대의 이해 수준은 매일 변하기도 한다는 점에 유의해야 한다. 한창 화젯거리로 오르내리는 주제라면 점차 이해 수준이 높아질 것이고, 프로젝트가 진행됨에 따라서도 계속 달라진다. 한 번 파악한 것으로 끝내는 것이 아니라 보고서를 제출할 때마다 업데이트해야 한다.

프로파일링 데이터의 조사법

그런데 이러한 프로파일링은 실제로 어떻게 조사해야 할까? 먼저 손쉬운 방법은 인터넷 등으로 오픈된 정보를 수집하는 것이다. 이를 통해 경력이나 현재 맡은 직무와 같은 객관적인 데이터를 알 수 있다. 다음으로, 현재의 정보는 타깃의 주변인들에게 묻지 않으면 알 수 없는 것도 많기 때문에 동료나 중역의 경우에는 측근이나 비서에게 묻는 방법을 쓴다.

　영업부장이 메인 타깃이라면 그와 비슷한 입장에 있는 타사의 영업부장에게 묻는 방법도 있다. 같은 지위에 있는 사람은 비슷한 고민을 하는 경우가 많기 때문에 미리 같은 처지에 있는 사람과 이야기를 나눠보면, 타깃은 자신의 입장을 '잘 알고 있다'고 생각할 가능성이 매우 높다.

　마지막으로, 타깃 본인에게 직접적으로 묻는 방법도 있다. 이 경우에는 오픈된 정보나 주위 사람들에게 얻은 정보를 기초로 하여 특별히 알고자 하는 점을 중심으로 이야기를 듣거나 프레젠테이션의 가설을 슬며시 제시하여 검증하는 등 상대의 말을 날카롭게 포착해야 한다.

프로파일링의 목표, '가설'

　프로파일링에서 최종적으로 이끌어낼 것은 '가설'이다. 여기서 말하는 가설이란, '타깃의 기대와 이해를 분명히 함으로써 이끌어낸 무엇인가를 어떻게 전하는 것이 가장 효과적인가' 하는 보고서 작성의 방침을 가리킨다. 상대에 대한 깊은 이해가 성공의 열쇠이지만 상대를 충분히 조사했다고 곧바로 좋은 보고서로 이어지지는 않는다. 좋은 보고서는 어떤 가설을 이끌어냈느냐에 달려 있다.

　수집한 프로파일링 데이터를 얼마만큼 숙지하고 날카로운 가설을 이끌어내는가, 바로 이 점이 승부를 좌우하는 키포인트이다. 그런데 데이터의 문자만 좇는 사람이 있는가 하면 데이터를 읽고 핵심을 적확히 파악하고 날카로운 가설에 다다를 수 있는 사람도 있다.

전에 「제안 기술을 향상시키기 위한 연수」라는 프로그램을 진행하며 제안 상대인 중역의 경력 읽기를 실습한 적이 있다. 중역의 기대나 이해 수준을 파악하는 능력을 키우기 위해 오픈된 정보를 통해 상대를 상상하고 상대의 입장이 되어보는 것이 실습의 목적이었다. 수강자 중에는 직무 경력뿐 아니라 학력이나 출신지를 꼼꼼히 숙지하고 '그 사람의 어린 시절 모습이 선명히 머릿속에 그려졌다'고 말하는 사람도 있었다. 그 정도로 타깃의 입장이 될 수 있다면 그 타깃에 영향을 미칠 법한 스토리나 비유, 사례도 저절로 보인다.

물론 이러한 상상은 어디까지나 가설에 지나지 않기 때문에 정답이 있을 리 없다. 상상이 빗나갈 때도 있다. 그러나 비록 빗나간다고 해도 데이터를 수집하고 상상력을 발휘하여 인물상을 분석함으로써 손쉽게 가설을 세울 수 있고, 그렇게 세운 가설이 핵심을 찌를 확률은 분명 높다. 게다가 거기까지 다다른 열의는 틀림없이 상대에게 전해지게 마련이다. 그리고 상대에 대한 흥미와 관심이 깊어지면 깊어질수록 유효한 가설을 세울 수 있다.

적확한 가설을 세우기 위한 시좌·시야·시점

프로파일링 데이터를 근거로 핵심을 찌르는 적확한 가설을 세우기 위해서는 타깃의 시좌·시야·시점으로 주제를 보아야 한다. 단적으로 말하면, 시좌(보는 위치)를 높이고 시야를 넓혀 날카로운 시점으로 보면 가설을 제시할 수 있다.

타깃이 어떠한 자세로, 얼마만큼, 어떻게 주제를 바라보고 있는가는 매우 중요한 문제이다. 그렇기 때문에 타깃에게 최대한 가까이 다가서야 한다. 그러나 타깃의 시좌나 시점에 지나치게 근접하여 완전히 동화되어버리면 앞에서 말한 의외성을 만족시키거나 상대의 기대를 배반하기란 불가능해지기 때문에 일단 상대의 시좌에 다가갔다가 다시 한 번 멀어질 필요가 있다.

예컨대 타깃인 부장의 시좌·시야로 보고 그 사람의 세계관은 이런 것이구나, 파악한 뒤에 다시 한 단계 위의 사업부장의 시좌·시야로 이야기해야 번뜩임이나 의외성을 지닐 수 있다. 이런 식으로 기대를 뛰어넘는 방법으로 사물을 생각해야 한다. 그 사람의 시좌에 머물며 알고 있는 것을 되풀이하기만 해서는 상대도 지루할 따름이고, 베테랑에게는 그거야말로 '부처님 앞에서 설법'하는 격이기 때문에 이를 극복하는 것이 중요하다.

상대의 기대를 뛰어넘으려면 어떻게 하면 좋을까? 그 힌트는 시좌나 시야를 가로·세로로 이동시키는 데 있다. 예컨대 지금 말한 바와 같이 직무를 위로 끌어올린다. 만일 현장에서 벌어지는 상황을 이해하지 못한다면 그 부문에 몸담고 있는 직원의 시좌로 이동시켜 이야기하는 방법도 있다. 또한 잘 알고 있는 업계나 분야로 대체하여 '결국 이런 것'이라며 비유를 들어 시좌나 시야를 옆으로 이동시킬 수도 있다.

이처럼 최종 단계에서 가설을 이끌어낼 때는 프로파일링으로 상대가 현재 처해 있는 상황을 파악하고 가로·세로로 시좌·시야를 이동시켜 얼마만큼 상대의 기대를 배반할 수 있는가, 뛰어넘을 수 있는가 하는 것이 포인트가 된다.

정보나 이해 수준에 있어 경험이 없는 사람이라도 업계를 횡적으로 비교해보거나, 시계열에서 종적인 변화를 살피는 일은 비교적 쉽게 할 수 있다. 뿐만 아니라 이 방법으로 즉각적인 효과를 얻을 수 있다. 사물을 바라보는 능력을 단련하는 방법이기도 하니 지금 당장이라도 실행해보길 바란다.

한편 그 인물이 되어 시좌·시야를 이동시키는 데는 상상력이 필요하고 어느 정도의 경험도 밑받침되어야 한다. 그러나 깊이 생각하면 충분히 할 수 있다. 빤한 말일지 모르지만, 그 사람이나 그 사물에 대하여 얼마만큼 깊이 생각하는지에 따라서 결과는 달라진다. 흔히 '그 사람은 능력이 있기 때문에 일에서 제외시킬 수 없다'는 말을 하는데, 여기서 능력이라는 말은 '애정의 깊이'로 대체할 수 있다. 애정이 깊기 때문에 주의 깊게 대상을 보고 여러 가지를 깨달을 수 있는 것이다. 그런 의미에서 자신이 맡은 보고서 작성의 주제와 그 타깃에 대한 애정의 깊이 역시 프로파일링의 열쇠가 된다.

　프로파일링 시트에 대한 설명은 이쯤에서 마치겠다. 기입 사례는 '도표 15'로 제시했으니 참조하기 바란다.

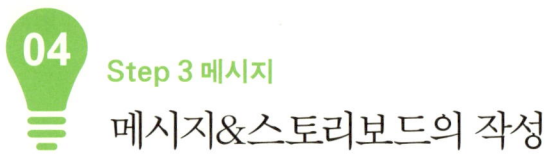

Step 3 메시지
메시지&스토리보드의 작성

보고서에서 메시지란?

이어서 [Step 3] 메시지에 대하여 설명해보자.

먼저, 보고서에서 과연 메시지란 무엇인가를 확인해두자. 보고서를 작성한 본인이 '이것이 메시지다'라고 말하는 것은 사실 메시지가 아닌 경우가 많다.

메시지를 인수분해하면 다음과 같이 나타낼 수 있다.

메시지＝주장×근거

이것이 보고서에서 메시지의 대전제다. 달리 말하면 다음과 같은 문맥이 되어야 한다.

A이기 때문에(근거), B해야만 한다(주장)

메시지가 없거나 약하면 상대에게 전달되지 않는다

흔히 볼 수 있는 것은 'B해야만 한다'는 주장만을 말하거나, 혹은 'A다'라는 상황만을 언급하고 그 근거를 제시하지 않는 식으로, 주장 혹은 근거(혹은 둘 다)가 결여되어 있는 경우다.

근거가 누락되어 주장만이 있는 경우에 상대는 대개 '어째서?'라고 반문한다. 영어로 말하면 'Why?'다.

반대로 근거(혹은 상황 설명)만 있고 주장이 없는 경우에 상대는 '그래서?(=So what?)'라고 반문한다.

메시지를 전달할 작정이었는데 오히려 상대가 '어째서?', '그래서?'라고 반문한다면, 아직 메시지로서 다듬어지지 않은 상태다. 혹은 너무도 당연한 내용의 메시지라 제 힘을 발휘하지 못하는 것일지도 모른다. 그 수준으로는 상대에게 원하는 바를 전달할 수 없다.

메시지를 작성하는 데 있어 주장과 근거가 모두 갖춰져 있는가? 주장에 '○○해야만 한다'는 행동이 포함되어 있는가? 메시지가 확실한 메시지로서 담겨 있는가? 이 세 가지를 확인하라. 이것이 첫 번째 단계다.

메시지의 요건 ① 논리적으로 오류가 없다

그렇다면, 설득력 있는 메시지는 어떤 요건을 갖추어야 할까?

첫째는 우선 논리적으로 오류가 없어야 한다.

얼핏 'A이기 때문에 B이다'처럼 주장과 근거를 제시한 것처럼 보이지만, A와 B가 전혀 연결되지 않는 경우를 흔히 볼 수 있다. 예컨대 '기존 고객의 재구매율이 20퍼센트에 미치지 않기 때문에 브랜드 인지도를 높일 방책을 마련해야 한다'는 식이다. 'A이기 때문에 B'라고 말하고 있지만 '때문에'에 아무런 근거가 없고 억지로 연결시킨 경우다. 이는 특히 젊은 사원들이 흔히 저지르는 실수다. 이것은 자료 작성력 이전에 로지컬 씽킹의 문제이기도 하다.

'A이기 때문에 B'에서 '때문에'가 정말 그러한지 되물을 필요가 있다.

메시지의 요건 ② 다섯 번 이상의 '왜?'라는 질문을 견딘다

두 번째 요건은 상대의 '왜?'라는 질문에 다섯 번 이상 대답할 수 있을 정도로 근거가 확실해야 한다는 것이다. '왜라는 질문을 다섯 번 반복하라'는 말을 많이 하는데, 이 말의 핵심은 자신의 논리만 고집하지 말고 상대의 입장에서 '왜?'를 반복해서 물으라는 뜻이다.

상대가 "이건 왜죠?"라고 물었는데, 그에 대해 전혀 대답하지 못할 때가 있다. 자신이 몸담고 있는 업계에서는 지극히 당연한 일이라도 상대 입장에서는 그렇지 않은 경우가 많기 때문이다.

자신이 상정한 의문점과 상대가 실제로 의문스러워하는 점은 대개 다르다. 상품의 스펙에 관심이 있을 것이라고 예측하고 이를 중점적으로 파고들었는데 상대는 그보다 이것을 사용하면 어떤 성과를 얻을 수 있는지, 비용 대비 성과는 어느 정도인지에 관심을 갖는 사례는 현장에서 얼마든지 볼 수 있다. 이쯤에서 어떤 것을 염두에 두고 메시지를 생각해야 하는지 그 방법에 대해 소개해보도록 하겠다.

우선 제안을 받는 고객의 상태를 4단계로 생각한다('도표 09'). 첫 단계는 제안 내용이나 상품을 모르는 '불신·부적' 단계다. 이 단계에서는 권하는 것이 무엇인지 모르는 상태이기 때문에 메시지의 '주장' 부분이 강조된다.

다음은 말하고자 하는 바는 알지만 지금은 바쁘다는 '불요·불급' 단계다. 여기서는 우선순위를 높이기 위해 '왜 지금이 아니면 안 되는가?'라는 'Why now?'를 어필한다.

긴급성을 이해시킨 다음에는 '원하지만 비싸다' 또는 '현재의 것으로 충분하지 않는가?', '도움 없이 혼자서도 할 수 있지 않는가?' 하는 경제성을 묻는 '불경제' 단계다. 여기서는 제안 내용의 효과 그 자체와 더불어 비교·대조되는 다른 상품·서비스의 퀄리티나 속도 비교를 메시지로 삼아 고객의 욕구를 자극한다.

그리고 마지막은 여러 가지 선택지 중에서 정말 이것이 틀림없는가 하는 '불안'을 불식시키는 단계다. 여기서는 자신이나 자사의 실적과 신뢰성이 메시지의 중핵이 된다.

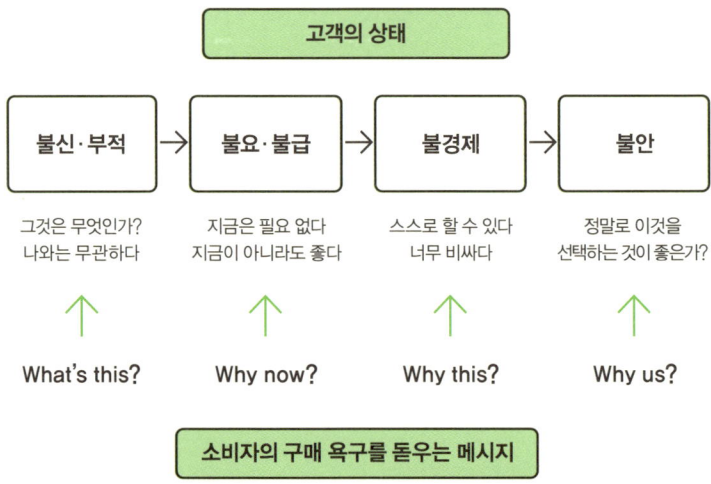

[도표 09] 소비자의 구매 욕구를 돋우는 메시지

이러한 단계를 의식하고 어떤 Why?(왜?)에 대답해야 할지를 프로파일링을 근거로 철저하게 생각하자.

자신에게 결여되어 있는 시점을 망라하기 위해서는 다른 사람과 함께 브레인스토밍을 해보는 것이 좋다.

그러나 많은 의문이 나왔다고 해서 그것을 자료에 모두 담는 것은 아니다. '도표 10'처럼 내용을 음미한 뒤에 '일부는 본론으로 자료에 포함시킨다', '다른 부분은 자료에 기재하지는 않지만 구두설명으로 덧붙인다', 'Q&A 리스트로 질의응답에서 답한다'는 식으로 분류하면 된다.

'자신이 쉽게 대답할 수 있는 의문 외에 오히려 꺼려지는 의문

[도표 10] 상대의 '왜?'라는 의문을 다섯 번 이상 생각한다

상대의 '왜?'라는 의문에 대답할 수 있을 때까지 주장과 근거를 준비한다.
상대에게 강렬한 인상을 심어주는 근거가 무엇인지를 파악한다.

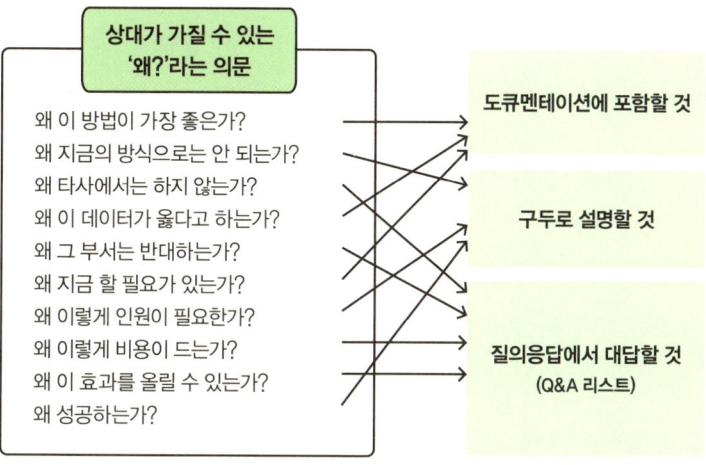

을 얼마만큼 파고들 수 있는가'가 메시지의 설득력을 결정한다.

메시지의 요건 ③ 감정에 스며든다

요건의 세 번째는 '상대의 감정에 스며드는 것'이다. 최종적으로 상대의 납득은 이성이 아니라 감정에서 이루어진다. 논리적인 오류 없이 상대의 '왜?'에 대답할 수 있었다고 해도 상대가 감정으로 받아들이지 않으면 행동을 유발할 수 없다.

요건 ①·②는 고려해도 ③감정까지 배려하는 사람은 그리 많지 않다. 그렇기 때문에 사용하면 효과적이다.

적절한 비유나 데이터를 내놓고자 할 때는 독서가 도움이 된다. 정보나 아이디어를 얻을 수 있기 때문이다. 하지만 그것만으로는 부족하다. 엔터테인먼트가 가미될 필요가 있다.

엔터테인먼트는 '여흥'이나 '접대'로 바꾸어 말할 수 있다. 이는 앞에서 이야기한 '친절한 마음'과 일맥상통한다. 동일한 것을 얼마나 이해하기 쉽고 즐겁게 전하는가, 이것이 도큐멘테이션에 있어서의 엔터테인먼트다. 이 능력은 일상생활에서 다른 사람에게 말할 때도 평상시 상대가 구사하는 언어를 사용할 정도로, 쉽게 전달하는 데에 의식의 주안점을 두면 저절로 단련된다.

비유를 생각하면 저절로 본질 또한 또렷해진다. 보고서 작성을 요리에 비유해 생각함으로써 중요한 포인트는 동일하다는 사실을 깨닫기도 하고, 요리에서 말하는 이 부분은 보고서 작성의 이 부분에 해당한다는 사고방식을 통해 소재에 대한 이해가 깊어지거나 상상력이나 유연성이 높아지기도 한다. 이는 비즈니스 사고를 위한 훈련이 되기도 한다.

'상대의 감정에 스며든다'는 것은 일단 자신의 입장에서 벗어난다는 의미를 담고 있다. '말하고자 하는 바는 이것'이라며 오직 자기주장과 입장만을 내세운다면 적어도 비즈니스에서 관계성의 발전은 기대할 수 없다.

자신의 입장을 이동시켜 사물을 보아라. 바꿔 말하면, '유체이탈'을 해보는 것이다. 자신의 입장에서 살며시 빠져나와 위에서 자신이 상대와 이야기하는 장면을 내려다본다. 상대가 무엇을 어떻게 느낄지를 상상해본다. 그런 훈련을 반복하면 차츰 상대의 입장에서 생각하는 능력을 키울 수 있다.

요건 ③을 자료에 확실히 담아내면, 최종적으로 상대의 마음을 자신이 원하는 방향으로 움직일 수 있다.

메시지의 요건 ④ 감정은 전면적으로 드러내지 않는다

마지막으로, 자신의 감정을 전면적으로 드러내서는 안 된다.

설득력이라는 측면에서 생각하면, 열의를 가지고 말하는 편이 좋게 느껴질 것이다. 하지만 실제로는 자신의 감정을 전면에 드러내지 않을 때 오히려 설득력을 가진다.

예컨대 'OO해서는 안 된다'고 말할 것을 '언어도단이다' 혹은 '인간으로서 실격이다'라고 거침없이 표현한다면 절절한 마음이 상대에게 전해지기는커녕 '어떤 특별한 사연이 있어서 저렇게까지 말하는 건 아닐까' 혹은 '극단적이라 도저히 듣고 있을 수 없다'는 일종의 경계심을 품게 만든다. 컬러나 일러스트 같은 시각적인 효과도 과용하면 경우에 따라서는 오히려 신뢰감을 해치기도 한다.

'과유불급'이라는 고사성어는 비단 보고서 작성에만 해당되지 않는다. 절절히 호소하는 열의도 중요하지만, 상대에게 메시지를 전할 때만큼은 냉정해야 한다. 자신의 감정이나 생각을 가급적 전면에 내세우지 않도록 유의할 필요가 있다.

스토리보드를 만들고 메시지를 정리한다

전할 메시지가 명확하다면 다음에는 스토리보드 작성에 착수한다. 스토리보드는 '도표 11'처럼 보고서의 전체상을 나타내는 흐름도이다. 메인 메시지와 서브 메시지로 만들어진 피라미드 구조를 만들고, 그 아래에 섹션, 이른바 보고서의 내용을 구성할 장을 만들어간다.

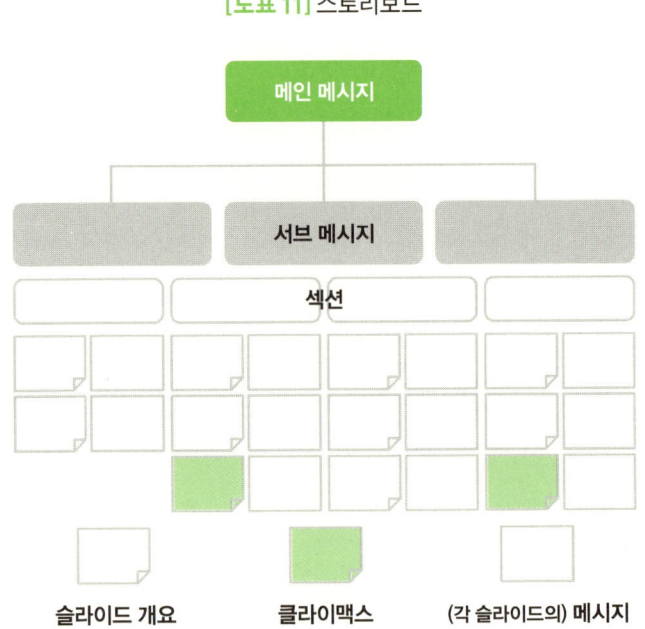

[도표 11] 스토리보드

앞에서 메시지에는 주장과 근거가 필요하다고 했는데 메인 메시지, 서브 메시지가 각각 주장과 근거를 포함한다. 그리고 몇 개의 서브 메시지를 합하면 가장 위에 오는 메인 메시지의 확실한 근거가 되도록 구성한다. 여기서는 로지컬 씽킹으로 순서를 논리적으로 생각할 필요가 있다. '도표 12'는 작성 예다.

메인 메시지와 서브 메시지로 구성된 피라미드 구조가 그대로 보고서의 구성이 된다고 생각하는 경향이 있는데, 이는 흔히 저지르는 실수다. 이것과는 별개로 섹션(장 구성)을 작성해야 한다.

이 부분은 다음 장에서 설명하는 '구성'의 내용과도 깊은 연관성이 있는데, 섹션은 그 보고서의 메인 메시지를 얼마만큼 이해하기 쉽고 효과적으로 전달하는지를 생각하며 만들어야 한다.

메인 메시지로 '○○이다. 왜냐하면……'이라며 서브 메시지를 전개해가는 방식이 적합한 경우도 있고, 서브 메시지를 개별적으로 설명한 뒤에 메인 메시지를 언급하는 방식이 적합한 경우도 있다.

타깃에 따라서도 '이 사람에게는 배경을 먼저 설명하는 것이 이해를 돕는 데 효과적이다' 혹은 '현황의 분석 결과에서 시작해서 메인 메시지로 이어가는 방식이 설득적이다' 등 여러 가지 경우를 생각할 수 있다. 프로파일링 시트를 기본으로 타깃이나 상황에 맞춰 진행 방식을 선택할 수 있다.

파워포인트나 키노트를 사용한다고 했을 때 섹션의 내용은 '슬

[도표 12] 스토리보드 작성 사례

메시지	채널 전략은 이미 완성했다. 이제 남은 것은 실행뿐! • 사업목표 달성에 필요한 채널 믹스(DM, 전화, 방문, 점포, 인터넷 등 고객 접속 수단을 전략적으로 조합한 것—옮긴이)가 분명해졌다 • 즉시 행동을 일으키기 위한 사람을 확보한다 • 팀의 의욕이나 팀원의 성장을 실감한다

1 프로젝트 개요		2 지향해야 하는 상황	
오늘은 최종보고로서 프로젝트 실시 결과와 앞으로의 활동에 대하여 제안한다		사업목표를 달성하고 부족함이 발생하지 않도록 이 방향성에 따라 연내에 실현하기 위한 행동에 착수한다	
목적·목표	지향해야 하는 채널 믹스와 실현하기 위한 행동 계획을 책정한다	채널 믹스의 방향성	모든 채널을 현재·미래 가치를 축으로 주력·준주력·보완으로 분류했다
체제	회사 전체가 일치된 체제를 구성하고 주요 멤버가 모두 참가한다	FY09목표 채널 믹스	FY09 사업목표 달성을 위해 필요한 채널 믹스를 이끌어냈다
마스터 스케줄	스케줄대로 프로젝트를 완료했다	FY09예측 채널 믹스	내부·외부 환경분석에 의해, 아무런 협력도 얻지 못했을 경우의 믹스를 산출했다
중간보고 결과 요약	중간보고로 내부·외부 환경의 분석결과를 공유하고 이해를 얻는다	FY09부족분 채널 믹스	목표와 예측에 의한 차이분에 따라 행동 대상이 되는 믹스를 판명했다

3	행동 계획

지향해야 하는 상황을 실현시키기 위해 각 채널마다 상세한 행동 계획의 책정을 완료했다

행동 계획 전체상	실현시키기 위해서는 조기에 체제를 정비해야 한다
A채널 상세계획	A채널의 연도별 상세계획(행동 항목·기한·담당자)이 책정되었다
B채널 상세계획	B채널의 연도별 상세계획(행동 항목·기한·담당자)이 책정되었다
C채널 상세계획	C채널의 연도별 상세계획(행동 항목·기한·담당자)이 책정되었다
D채널 상세계획	D채널의 연도별 상세계획(행동 항목·기한·담당자)이 책정되었다

4	마치며

이 기세를 몰아 경쟁에 앞서기 위해서 지금 당장 인재를 확보해야 한다

성과 정리와 To Do	성과는 이러한 정도다. 팀으로서도 높은 동기부여를 가지고 있다

라이드 개요'와 그 슬라이드로 전하고자 하는 메시지의 조합으로 만들어간다. 그리고 요소에 '클라이맥스'를 끼워 넣는다. 클라이맥스는 '키 차트'라고도 하는데, 메시지성이 강해서 따로 시간을 할애하여 설명하고 싶은 부분을 말한다. 일정 시간 이야기를 담담하고 완만하게 진행하면 듣는 사람은 지루해진다. 따라서 각 슬라이드는 1분, 클라이맥스는 5분으로 시간을 배분하여 이야기에 강약을 준다.

때로는 설명 기회가 주어지지 않고 보고서만 건네야 할 때도 있고, 바쁜 중역을 엘리베이터 앞에서 기다리고 있다가 "이것만 봐주십시오"라며 2~3분 만에 설명을 마치는 엘리베이터 토크를 해야 할 때도 있다. 따라서 클라이맥스는 쭉 훑어보았을 때 '여기가 중요한 부분'이라는 것을 알 수 있도록 유념해서 작성해야 한다.

'도표 12'는 기입 예이다. '채널 전략은 이미 완성했다. 이제 남은 것은 실행뿐!'이 피라미드 구조의 상위에 해당하는 메인 메시지로, 이 메시지를 지지하는 서브 메시지가 세 개 있다. 그러나 서브 메시지를 그대로 장으로 구성하는 것이 아니라 [1. 프로젝트 개요]부터 들어가 [2. 지향해야 하는 상황]을 언급하고 이것을 실현하기 위한 [3. 행동 계획]을 제시한 후 [4. 마치며]로 '이제 남은 것은 실행만이 남았으니 힘내자'고 끝맺는 형식으로 새로이 장 구성을 생각한다. 그리고 곳곳에 '클라이맥스'를 설정한다.

[도표 13] 메시지의 체크리스트

Good

메시지
- 해야 할 말, 기대하고 있는 행동 등 '전해야 하는 것'을 전하고 있다

스토리보드
- 전체 메시지가 담겨 있다
- 프레임워크로 구조화되어 있다
- 흐름 중에 특히 메시지가 강한 클라이맥스가 설정되어 있다
- 대상자나 시간에 적합한 스토리 분량이다
- 목적·목표와 연결되어 있다

Bad

메시지
- '한 일'이나 사실의 언급에 머물러 있다

스토리보드
- 메시지가 누락되거나 논리에 비약이 있다
- 논리구조가 보이지 않는다
- 중요한 메시지를 전하는 클라이맥스가 없어 평범한 스토리가 되었다
- 대상자나 시간에 비하여 내용이 너무 많다(잘라내지 못했다)
- 목적·목표와의 연결이 불명확하다

실제로 스토리보드를 만드는 사람은 얼마 되지 않는다. 대부분이 파워포인트로 보고서를 만들면서 장 구성을 생각할 것이다. 그러나 나의 경험에 따르면 속도 측면에서는 스토리보드까지 수첩에 적고 난 뒤에 컴퓨터 작업에 돌입하는 것이 압도적으로 빠르다.

다른 시점에서 말하면, 전하고자 하는 바를 명확히 알지 못하면 스토리보드는 작성할 수 없다. 무슨 말을 하면 좋을지 모르기 때문이다. 어찌 되든 파워포인트를 열고 데이터를 채우는 식으로 보고서를 작성하면 여러 장을 만들 수 있을지는 몰라도 상대에게 메시지가 전달되는 보고서로서는 합격점에 이르지 못한다.

성가신 과정일 수 있지만 '본질은 무엇인가, 이번 자료에서 무엇을 전할 것인가'라는 의문에 대한 답을 확인하기 위해서라도 수고스럽지만 스토리보드를 만들어볼 것을 권한다.

05 목적, 타깃, 메시지를 생각하는 순서

기본은 목적부터 시작한다

지금까지 보고서 작성의 [Step 1]부터 [Step 3]까지, 즉 목적을 명확히 하고 타깃을 알고 메시지를 만드는 데까지 살펴보았다.

기본적으로는 목적이 가장 먼저 오지만, 언제나 3단계를 반드시 순서대로 진행해야 하는 것은 아니다. 예를 들어 카리스마 있는 강연자의 강연은 메시지가 앞서 나와도 무방하다. 그러나 일반적으로는 목적—무엇 때문에 자료를 만들려고 하는가, 이번 자료로 누가 어떤 행동을 하도록 만들 것인가가 출발점이 된다. 다음으로, 타깃—보고서를 누구에게 제출하는가, 회의에 참석하는 사람은 누구인가를 생각한다. 그리고 메시지—그 사람이 어떻게 움직여주길 바라는가의 단계를 밟아가야 진행이 수월하다.

다시 한 번 말하지만, 타깃이 가장 중요한 부분이다. 레스토랑도 밥을 먹으러 오는 고객을 파악하고 그들의 요구에 응하는 것이 서비스의 기본이다. 일류 레스토랑일수록 고객의 상황에 맞춰 철저한 배려가 이루어진다. 보고서 작성도 마찬가지다. 상대를 알고 그에 맞추는 것이 얼마나 중요한지는 아무리 강조해도 부족하다.

06 야마다의 보고서 작성 스토리

이제 기획서를 만들자!

여기서는 지금까지 이야기해온 것을 근간으로 실제로 기획서를 작성해가는 모습을 살펴보도록 하자.

• 줄거리

서른 살의 야마다는 지금까지 SE로서 정보 시스템부에서 일하다가 얼마 전 영업기획부로 자리를 옮겼다.

새로운 부서에 배치되고 의욕은 하늘을 찌를 듯하다. 그런데 어찌된 영문인지 부서 분위기는 그렇지 않았다. 대부분의 직원이 의기소침해 보였고 업무도 그다지 효율적으로 진행되지 않아 좀처럼 실적으로 연결되지 않았다.

야마다가 보기에는 아무래도 부서 내의 커뮤니케이션에 원인이 있는 것 같았다.

'개인적으로 이용하는 SNS를 활용하면 부서 내의 커뮤니케이션을 활성화할 수 있지 않을까? 이에 대해 최선을 다해 기획서를 작성해 보자!'

야마다는 자신의 IT 능력이 영업기획부에서 도움이 되기를 바랐고 SNS 도입을 제안하는 기획서를 작성해야겠다고 결심했다.

- **야마다가 몸담고 있는 부서의 사람들**

1. 선배 유키다(33세)

    영업기획부 기획서의 달인. 그가 작성한 기획서는 매우 이해하기 쉬워 설명이 필요 없다. 야마다의 멘토.

2. 영업기획 과장 하야다(40세)

    영업기획에 몸담은 지 오래지만 현장에서 밀려나 때때로 새로운 일에 착수하지 못한다.

3. 영업1과 과장 하라다(36세)

    영업과장 중에서 가장 젊다. 자신이 몸담고 있는 부서에서 다양한 일을 적극적으로 시도하고 있어 신뢰·기대감 또한 크다.

4. 영업부장 아리다

    IT와는 거리가 멀고 정신론으로 이야기할 때가 많다. 부서를 개선하고자 하는 마음은 강하다.

• **영업기획부의 상황**

야마다가 본 영업기획부의 상황은 다음과 같다.

[커뮤니케이션] 부서전략이 전달되지 않는다. 과장급 회의는 열리지만, 그 내용이 부하직원에게 전달되지 않는다. 영업부장은 좋은 사람이지만, 직접 이야기를 나눌 기회가 없어 달성해야 할 목표치에 대한 부담만 안겨주는 존재로밖에 여겨지지 않는다.

[업무 효율] 업무나 조직의 세분화가 진행된 까닭에 누가 어떤 일에 우수한 능력을 가지고 있는지, 무슨 일을 하고 있는지 몰라 업무 연계가 되지 않고 때때로 작업이 중복되는 사태가 발생하거나 감정적으로 대립하기도 한다.

[회의] 의견이나 발언이 적고 내용 전달에 그친다. 좋은 아이디어가 묻히기 일쑤다.

[능력 향상] 업무 방식이 각자 달라서 개개인이 알아서 학습한다. 젊은 사원은 업무에 대하여 배우고자 하는 열의가 강하지만, 그것이 좀처럼 일로 연결되지 않는다.

부장님이 이런 기획을 받아줄 리 없어!

야마다는 서둘러 성심껏 'SNS 도입 기획서'를 작성했다.

'오, 내가 한 것이지만 역작이야. 훌륭해! 이것을 일단 영업기획 과장님에게 보이자.'

야마다는 자신감과 열의를 가지고 영업부장에게 올릴 제안을 먼저 영업기획 과장에게 프레젠테이션 했다.

그런데 뜻밖에 과장의 반응이 시큰둥하다. 기획 과장은 이렇게 말했다.

"SNS라니, 그거 친구끼리 업무는 뒷전으로 미뤄두고 노닥거리기 위한 거잖아? 그만둬, 이런 기획을 부장님이 받아줄 것 같아?"

야마다는 실망했다. 하지만 여기서 순순히 물러설 수는 없었다. 그래서 유키다 선배에게 조언을 구했다.

3년 위인 유키다 선배는 영업기획부에서는 타의추종을 불허하는 '기획서의 달인'으로 불리는 사나이다. 유키다 선배가 만든 기획서는 너무도 일목요연하여 따로 설명이 필요 없다는 평가를 받고 있다.

야마다는 "영업기획 과장님은 너무 고지식하다"며 무심코 불만을 터뜨렸다. 그러나 찬찬히 기획서를 읽던 유키다 선배가 "불평은 그만둬. 자네 기획서는 온통 SNS를 도입하자, 오로지 이 주장뿐이야"라며 말문을 가로막았다.

"원래 이번 기획서의 목적과 목표는 뭐야? 이 기획서를 받아본 사람이 어떻게 해주길 바라는 거지?"

유키다 선배는 야마다에게 이 같은 질문을 던졌다.

야마다는 영문을 알 수 없었다. 아니, 어떻게 하길 바란다니……!? 잠시 뒤 자신감 없는 목소리로 겨우 한마디를 했다.

"기획을 승인해주길 바랐는데요."

"내 말뜻을 전혀 모르는군. 목표를 머릿속에 명확히 그리지 않았다면 기획서 작성의 출발점에도 서지 못했다는 거야."

유키다 선배는 단호히 말했다. 그리고 다시 질문을 던졌다.

"그러면 기획서를 받아볼 사람에 대한 프로파일링은 했어?"

"프로파일링? 그게 뭐죠?"

야마다는 오히려 질문을 던졌다.

"상대에 대해서 전혀 파악하지도 않고서 기획서를 작성할 수는 없지."

단호히 말하며 유키다 선배는 이야기를 주도해갔다.

"기획서든 뭐든 비즈니스에서는 자료를 만들기 전에 해야 할 일이 있어. 먼저 자료를 작성하는 목적을 명확히 해야만 해. 게다가 자네는 누가 어떻게 해주길 바라는 거지? 본래 자료라는 것은 말이지……" 유키다 선배는 야마다에게 앞에서 설명한 [Step 1]부터 [Step 2]까지의 과정을 설명해주었다.

야마다, 프로파일링 시트를 만들다

솔직담백하고 털털한 성격의 야마다는 유키다 선배에게 감사의 말을 하고 서둘러 [Step 1] 목적·목표의 설정, [Step 2] 타깃을 알기 위한 프로파일링 시트 작성에 착수했다.

그리고 이번 기획서의 목적을 '도표 14'처럼 정했다.

또한 영업기획의 하야다 과장과 영업부 아리다 부장을 메인 타깃으로 설정하고 주변 사람들에게 그들에 대한 정보를 입수해 며칠 뒤 '도표 15'와 같은 프로파일링 시트를 만들었다.

거기서 이끌어낸 가설은 다음과 같다.

SNS가 무엇인지 하야다 과장이 자신의 언어로 설명할 수 있도록 한다. 그러기 위해 영업부에서 SNS가 어떠한 효과를 초래할지 그려볼 수 있도록 타사의 사례를 참조한다. 현장에서 영향력 있는 하라다 과장이 동참하도록 활용 상황의 구체적인 사례를 집어넣는다.

무작정 파워포인트로 작성해서는 안 된다

목적·목표도 설정했고 프로파일링도 확실히 마쳤고 가설도 세웠다. 보고서 안에 담을 것이 너무나도 많다. 자, 이제 보고서를 만들어보자!

야마다는 업무를 마친 저녁 무렵, 의욕에 충만하여 보고서 작성에 착수했다. 그때 외근에서 돌아온 유키다 선배가 커피를 한

[도표 14] 목적

| 1 | 상대가 어떤 행동을 해주길 바라는가 |

영업부장에게 영업기획부의 주요 기획안으로서 자신감을 가지고 추천하게 한다

| 2 | 그러기 위해 무엇을 이해시켜야 하는가 |

SNS의 기본 개념과 영업 업무에 적용한 구체적인 이미지

| 3 | 그러기 위해 어떤 상태로 만들어야 하는가 |

과장이 자신의 언어로 영업부장에게 SNS에 대하여 설명할 수 있도록 하고, 부장이나 현장의 질문에도 자신감을 가지고 대답할 수 있는 상태로 만든다

손에 들고 다가왔다.

"열심이네."

유키다 선배는 야마다의 컴퓨터를 들여다보고는 갑자기 큰 소리로 말했다.

"잠깐만. 메인 메시지가 뭐지? 스토리는 정했어?"

"……아니요."

야마다는 영문을 모르겠다는 표정으로 대답했다.

"곧장 파워포인트로 작성하면 시간도 더 걸리지만 아무래도 형식에 마음을 빼앗겨 본질에서 벗어날 우려가 있어. 일단은 컴퓨터 앞에 앉기 전에 철저하게 메시지와 스토리에 대해 고민해야 해."

[도표 15] 프로파일링 시트의 작성 사례

타깃	① 영업기획 하야다 과장 ② 영업부 아리다 부장				
프로파일링	①	올해는 좋은 기획을 내놓아야 한다는 부담감이 크지만 현장의 반발도 무시할 수 없다			
	②	영업에 대한 열정은 있지만 인간미 없이 숫자만 중시하는 무서운 사람으로 인식된다			
	①	○	○	△	×
	②	△	△	×	×
가설	SNS가 무엇인지를 하야다 과장이 자신의 언어로 이야기할 수 있도록 한다. 그를 위해 영업부에서의 SNS 효과를 그려볼 수 있는 타사의 사례를 참조한다. 현장에서 영향력 있는 하라다 과장이 뜻을 같이하도록 활용 상황의 안을 담는다.				

	그 외의 주요 이해관계자 - 영업1과 하라다 과장

	기대
	이 기획이 효과적이라 확신한다 부장이나 현장의 비난 없이 올해의 주요 기획으로 승인받고 싶다
	영업부 전체의 사기와 매출 향상 기획이나 시책에 대해서는 늘 수치 효과를 기대한다 성가신 IT 툴의 활용에 대해서는 부정적이다

	이해
	영업 현장의 현황이나 현재 도입된 IT 툴에 대해서는 잘 알지만 SNS에 대해서는 모른다
	현장의 목소리, 상황을 전해 듣지 못해 알 수 없다 테크놀로지에 대해서는 전반적으로 소원하다

"그렇군요. ······죄송하지만 좀 더 가르쳐주세요."

유키다 선배는 커피를 홀짝거리며 "자, 잘 들어"라고 말하며 종이와 펜을 들어 야마다를 향해 고쳐 앉았다.

"메시지란 주장과 근거야. 주장을 상대방에게 납득시키기 위해서는 근거, 즉 상대가 가질 수 있는 '왜?'라는 의문에 적어도 다섯 번 이상은 대답할 수 있도록 준비해야 해. 예컨대 하야다 과장님을 비롯해 아리다 부장님이 어떤 것을 의문스러워할지 먼저 떠올려봐."

유키다 선배는 자신이 말하고 싶은 것은 일단 제쳐두고 새로운 마음으로 상대가 가질 수 있는 질문에 대하여 생각해보라고 야마다에게 조언했다.

그리고 '자신이 대답하기 곤란한 것'도 반드시 질문 사항에 넣으라는 말도 빠뜨리지 않았다.

야마다는 유키다 선배의 조언을 듣고 하야다 과장이나 아리다 부장이 의문을 가지고 질문할 것 같은 것을 생각나는 대로 적어보았다.

하야다 과장과 아리다 부장이 가질 수 있는 '왜?'라는 의문
- 왜 SNS를 도입하는가?
- 왜 SNS가 가장 좋은가?
- 왜 지금 구조(그룹웨어, 사내회람)로는 안 되는가?

- 왜 타사에서는 하지 않는가 / 하고 있는가?
- 왜 우리 영업부에서 사용하자고 제안하는가?
- 왜 지금 할 필요가 있는가? 시기상조는 아닌가?
- 왜 리스크가 없다고 말할 수 있는가?
- 왜 이렇게 비용이 드는가?
- 왜 운용할 수 있는가?
- 왜 효과가 있다고 말할 수 있는가?

……

간단히 떠올려도 족히 열 개가 넘었다.

거창한 말만으로는 상대를 감동시킬 수 없다

"그런데 이 보고서로 말하고자 하는 메시지는 뭐지?"

유키다 선배가 물었다.

"SNS를 도입하여 영업부의 커뮤니케이션 활성화를 꾀하고, 지식경영을 추진하는 거죠!"

야마다는 힘주어 대답했다.

"커뮤니케이션의 활성화, 지식경영, 얼핏 그럴듯하게 들리지만 그 내용이 무엇인지 알 수 없는 거창한 말뿐이잖아. 그래서는 상대에게 어떤 울림도 주지 못해."

유키다 선배가 날카롭게 지적했다.

야마다는 충격을 감추지 못한 채 입을 굳게 다물고 시선을 떨어뜨렸다.

"그렇게 실망할 일은 아니야. 내용 자체가 좋지 않다고 말한 건 아니니까. 좀 더 구체적으로 자네가 만들고 싶은 상태가 어떤 것인지를 생각하고 명확한 언어를 구사하여 메시지를 전하지 않으면 안 된다는 뜻일 뿐이니까."

유키다 선배의 충고를 듣고 야마다는 열심히 구체적으로 생각한 뒤 다음과 같이 적어 넣었다.

- 제안서 등 지식의 축적은 기존 시스템으로도 얼마든지 가능하지만, 정보의 신선도가 떨어지는 속도는 날로 빨라져서 작년에 작성한 제안서를 봐도 전혀 참고가 되지 않는다. SNS나 개인 블로그에 올린 최신 정보를 교환하는 상태로 만들고 싶다.
- 조직이 세분화되어 얼핏 효율적으로 움직이는 듯 보이지만, 오히려 조직 간의 정보 공유가 전혀 이루어지지 못하고 있다. 모두 친구가 되어 파벌주의를 불식시키자.

유키다 선배는 '꽤 구체적이 되었다'며 흡족하게 고개를 끄떡였다.

"자, 그 상태를 상대의 심금을 울리는 말로 바꿔보는 거야. 최신 정보를 서로 주고받는 상태를 '인터넷상의 매점'이나 '인터넷상의 즉흥연주'라는 표현으로 바꿔보면 어떨까? 그리고 지식경영의 상태를 '축적형에서 유동형으로'라는 말로 표현하면 현재 상태와 추구하는 상태를 쉽게 이해시킬 수 있지 않을까?"

사고정지라니…… 정곡을 콕 찌르네요!

"……유키다 선배는 어떻게 그런 말을 거침없이 떠올리죠?"

야마다는 불현듯 떠오른 의문을 솔직히 물었다.

"커뮤니케이션의 활성화라는 거창한 말로 표현하는 건 단순한 사고정지 상태에 불과해."

유키다 선배는 이렇게 덧붙였다.

"깊이 본질을 생각하면 누구나 '이거다!' 하는 것이 떠올라. 커뮤니케이션의 활성화라는 애매한 말을 상대가 단번에 이해할 수 있을까? 이해한다는 것은 무엇인지 알고 어떻게 하면 좋을지 납득하는 거잖아. 먼저 자네가 무슨 말을 하는 건지 상대를 쉽게 이해시켜봐."

"사고정지라니……. 정곡을 찔린 기분이네요."

야마다는 선배의 다음 말을 기다렸다.

"그리고 설득력 있는 메시지를 만들기 위해 고민할 필요가 있어. 사람에 따라 자극을 받는 포인트가 다르거든. 어떤 사람은 수치에 마음이 움직이는가 하면, 어떤 사람은 스토리에 감동받기도 해. 혹은 백문이 불여일견이라는 말처럼 사진이나 동영상 같은 이미지를 활용할 수도 있겠지. 이번에 주요 타깃으로 정한 부장님은 어떤 것에 가장 마음이 움직일지 그 포인트에 대해 생각해볼 필요가 있어. 예컨대 현황을 좀처럼 모르는 부장님에게 현재의 부정적인 측면을 알리기 위해서는 어떠한 방식이 가장 좋을까?"

"글쎄요. 커뮤니케이션이 이뤄지는 시간일까요? 하지만 그것을 측정하기는 쉽지 않은데, 어쩌면 좋죠?"

야마다는 입을 다물고 말았다.

"그래, 수치로 ○○시간이 허비되고 있다는 식으로 말하는 방법도 있고, 커뮤니케이션이 이뤄지는 경로를 도해로 보여주는 것도 좋겠지. 또는 산더미처럼 쌓여 있는 자료 속에서 사람을 찾는 혼란스러운 사무실 분위기를 영상으로 담아내는 것도 효과적일지 모르고, 어느 영업자의 인터뷰 결과를 소개하는 것도 좋을지 몰라. 여하튼 그 사람이 알지 못하는, 결국 의외성이 가장 큰 정보가 무엇인지를 생각하는 거야."

유키다 선배는 실현 가능한 몇 가지 예를 들어주었다.

야마다 군은 왠지 힘이 솟았다.

"알았어요. 커뮤니케이션에 문제가 있다는 현황을 어떤 식으로 쉽게 전달할 수 있는지 철저하게 생각해볼게요!"라고 대답하며 주먹을 불끈 쥐었다.

스토리보드란 뭐죠?

다음 날 아침 야마다는 유키다 선배를 붙잡고 또다시 여러 가지 조언을 구하기 시작했다.

"선배, 주장이나 근거, 상대의 의문에 대한 회답……, 이런 것을 전부 담으려고 했더니 양이 엄청나서 도대체 어쩌면 좋을지 모르겠어요."

유키다 선배는 일이 급한 듯 고개를 끄덕이면서 "저녁에 얘기할까"라며 경영기획실을 황급히 나가버렸다.

그리고 직원들이 모두 퇴근한 뒤라 경영기획실도 조용해졌을 무렵 유키다 선배는 "지금 시간 괜찮아?"라며 야마다를 불렀다.

"하고 싶은 말을 모두 넣으려고 했댔지? 그 마음을 모르는 건 아닌데, 그래봤자 무의미해. 자네는 온갖 정보로 가득한 보고서를 보면 무슨 생각이 들어?"라고 말문을 열었다. 그리고 말을 이어갔다.

"그것들을 모두 자료에 담는 게 아니야. 자료에 포함시킬 것, 구두로 설명할 것, 참고자료로 할 것, Q&A로 준비할 것을 우선적으로 분류하는 게 좋아. 이 외에도 메시지의 주장 부분도 보고서에는 당연히 필요하니까, 그 부분도 포함해서 스토리보드를 작성할 필요가 있어."

"스토리보드? 그건 뭐죠?"

야마다가 물었다.

"메시지를 확실히 이해·납득시키기 위해 상대가 이해하기 쉽게 정보의 순서를 정하고 스토리를 구성하는 거야. 항목 쓰기든 문장이든 뭐든 좋지만 전체적인 분량이나 구성을 한눈에 알 수 있기 때문에 이런 템플릿을 권하지."

유키다 선배는 파일에서 이전에 자신이 만든 템플릿 견본을 꺼내 보여주었다. 그리고 [Step 3] 스토리보드의 작성법을 가르쳐주었다.

"과연…… 이렇게 스토리보드를 만든 뒤에 보고서 작성을 시작하는군요. 지금까지는 무조건 파워포인트를 열고 무턱대고 만들었어요. 어서 만들게요."

야마다는 유키다 선배에게 끄덕 인사를 하고 자리를 떠났다.

"가능하면 여러 가지 패턴으로 만들어봐. 비교할 수 있으니까."

유키다 선배는 야마다의 등을 향해 말했다.

야마다, 스토리보드를 만들다

주말, 집에서 야마다는 여러 가지 생각을 하면서 스토리보드를 만들었다. 처음에는 노트북으로 만들려고 했지만, 일단 유키다 선배의 조언대로 헌 달력 뒤에 직접 적어보았다.

시행착오를 하면서 만든 것이 '도표 16(①)', '도표 17(②)'의 두 가지 스토리보드다.

①은 하야다 과장, 아리다 부장이 영업부의 현황에 대하여 거의 알

지 못한다고 상정하고 'Why?(=왜 지금 하지 않으면 안 되는가?)'에 주안점을 둔 스토리로 구성했다. 현황에 대한 설명과 이해로 시간이 너무 많이 허비되지 않도록 현황은 가능한 한 수치를 이용하여 간단히 전하는 스토리로 만들었다.

②는 현황에 대한 문제의식이 높아 'Why?(=왜 해야 하는가?)'보다 'What?(=무엇을 하려는 것인가?)'을 이해시키고, Before / After로 효과를 어필할 수 있는 스토리로 만들었다.

'상대의 Why?를 다섯 번 이상 생각하라', '이런저런 정보를 모두 담은 보고서는 무의미하다'는 충고를 듣고 '도표 10'처럼 상정한 '상대의 Why?'에 대한 답을 도큐멘테이션에 포함시킬 것, 구두로 설명할 것, 질의응답으로 회답할 것(Q&A 리스트)으로 구분했다.

여기까지 마치자 왠지 기분이 개운해져 야마다는 그대로 소파에 몸을 쭉 펴고 누웠다.

"스토리보드는 영화에서 말하는 각본 같은 거야. 아무리 하고 싶은 말이 많아도 스토리가 없으면 상대는 조금도 이해할 수 없어."

월요일, 스토리보드를 유키다 선배에게 보여줄 생각을 하니 왠지 모르게 가슴이 두근거렸다.

"좋았어! 영업기획부에 SNS가 도입될 때까지 최선을 다할 거야."

야마다는 벌떡 일어나 크게 기지개를 켜고 화창한 일요일, 거리

[도표 16] 스토리보드 기입 예 ①

메시지	SNS로 영업부의 지식을 축적형에서 유동형으로 바꾸고, 영업부의 기동력을 20% 향상시킨다

1 영업부의 현황	2 지향해야 하는 상황
그룹웨어나 지식을 축적할 도구는 있지만 효과적으로 활용하지 못해 커뮤니케이션의 전달 손실이 잦다	영업부의 기동력을 높이기 위해 최신 정보를 활용할 수 있는 횡적 네트워크를 구축하고 인재가 보이는 환경을 실현시킨다

현황 요약	다양한 시스템을 도입하고 있지만 그 효과는……	지향하는 상황 요약	세 가지 효과를 목표로 한다
정보의 유휴자산화	지식경영 시스템에 입력되어도 활용되지 않는다	최신 정보를 원활하게 교류하는 부서	정보의 유출입을 늘린다
파벌주의	……	종횡무진 아메바 조직	……
전문가 부재	……	인재가 보이는 환경	……

영업부의 현황에 대해 모른다고 상정한 후 'Why?(=왜 지금 해야 하는가?)'에 주안점을 두고 스토리를 구성했다. 현황에 대한 설명과 이해로 많은 시간을 소모하지 않도록 현황은 가능한 수치를 이용하여 압축적으로 간단히 전한다.

3	SNS란?		4	행동계획
SNS는 개인 네트워크를 위한 도구가 아니라 업무에서 활용하는 것으로, 특히 우리 부서의 문제를 해결할 수 있다			신속히 도입하기 위해 인재·자금을 지원받고 싶다	
SNS 전체상	SNS란 'OO' 같은 것이다		업무와 스케줄	……
이전 시스템과의 차이	그룹웨어와의 차이를 비교표로 만든다		참고자료	
활용 이미지 상정 효과	SNS를 활용한 업무 이미지 세 가지		타사 사례 ①	……

[도표 17] 스토리보드 기입 예 ②

메시지	SNS로 영업부의 지식을 축적형에서 유동형으로 바꾸고, 영업부의 기동력을 20% 향상시킨다

1 기획 취지		2 SNS란	
	영업부의 현안 과제를 해결하기 위하여 SNS를 도입한다		SNS란 복수의 커뮤니케이션 수단을 통합한 것으로 인터넷상의 사교장이다
현황 요약	영업부의 과제 참조	What's SNS?	SNS란 '○○' 같은 것이다
기획 개요	SNS를 도입하여 세 가지 변화를 일으키고 기동력을 높인다	기존 시스템과의 차이	……
		타사 활용 사례	……

현황에 대한 문제의식이 높기 때문에 'Why?(왜 해야 하는가?)'보다 'What?(무엇을 하려고 하는가?)'을 이해시키고 Before / After로 효과를 어필하는 스토리이다.

3	Before / After
축적형에서 유동형의 지식경영, 종에서 횡으로의 네트워킹, 인재가 보이는 환경을 조성한다	

정보 활용의 Before / After	축적하여 매장시키는 것이 아니라 최신 정보를 교환한다
인재 교류의 Before / After	파벌주의가 타개되고 아메바 모양으로 효율적인 체제를 구축한다
인재의 Before / After	묻혀 있는 인재를 발굴하는 조직으로 만들어 최대한 인재를 활용할 수 있다
도입 효과 예측	세 가지 변화에 의해 ○○원의 투자 대비 효과를 얻을 수 있다

4	행동계획
신속히 도입하기 위해 인재·자금을 지원받고 싶다	

업무와 스케줄	……

참고자료	
부서 내 인터뷰 결과	……

로 나갔다.

이 정도면 어떤가요?

야마다는 강한 의지로 유키다 선배의 조언을 차츰 흡수해갔다. 실제로는 이처럼 수월하게 진행되지 않을지도 모르지만, 기본적인 흐름은 같다.

야마다는 이번에 'Why?'에 중점을 둔 보고서와 'What?'에 중점을 둔 보고서 두 가지를 만들었다. 여러 가지 패턴을 만들 수 있다는 것은 완전히 이해한 상태에서 응용력이 생겼다는 증거다.

당신도 야마다처럼 목적, 프로파일링 시트, 스토리보드까지 실제로 만들어보길 바란다.

의미의 이해를 돕는 보고서 작성법

보고서의 구성을 생각한다

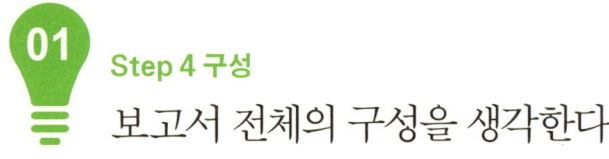

Step 4 구성
보고서 전체의 구성을 생각한다

슬라이드의 의미에 대한 이해는 구성하기 나름

그렇다면 이제부터 요리의 테크닉을 사용하여 어떻게 보고서를 만드는가, 실제로 보고서를 만드는 단계인 [Step 4] 구성에 대해 설명해보자.

'구성'은 알기 쉬운 보고서를 만들기 위해 상대의 머릿속에 있는 책장을 그려보고 그 책장에 정보를 간단히 수납하도록 전체를 완성하는 단계이다.

여기서는 알맞은 전체상이나 프레임워크를 정하고 이해하기 쉬운 순서를 생각하여 정리하고, 나아가 정리한 것에 제목을 달아가는 과정을 뜻한다. 내용을 적확하게 표현하고, 그러면서도 상대가 목차로서 인식하기 쉬운 제목을 다는 것까지가 이 단계에서 이루어진다.

구체적으로는 소위 로지컬 씽킹과 같다. 우선 전하고자 하는 것

[도표 18] 구성안(미구성)

```
┌─────────────────────────────────────────┐
│          ┌─────────────────┐            │
│          │  오늘의 설명 사항  │            │
│          └─────────────────┘            │
│                                         │
│   • 인풋 정보(과제)      • 현황 시스템 구성도  │
│   • 인풋 요약           • 시스템 개선안      │
│   • 과정 평가방법        • 운용 성공요인      │
│   • 과정 평가결과와 방향성  • 운용 To-Be 모델안 │
│   • 시스템 평가(정보 정의 맵의 의의)           │
│                                         │
└─────────────────────────────────────────┘
```

에서 구성요소를 끄집어낸다. 다음에, 그것들을 몇 개의 상자에 넣어 구분하고 어떤 순서로 설명하면 좋을지를 결정한다.

그 뒤 전체적으로 큰 콘셉트를 정하고, 그 아래에 몇 개의 항목을 만들어 말하고자 하는 바를 정리한다. 마지막으로 각 항목에 '○○도전'이나 '△△과정'처럼 목차를 단다.

'도표 18~20'은 모두 보고서의 전체상을 보여주지만, '도표 18' →'도표 19'→'도표 20'으로 구성이 개선되어가는 것을 살펴볼 수 있다.

'도표 18'은 아직 구성되지 않은 예이다. 산만하여 무엇을 말하고자 하는지 일목요연하게 내용을 파악하기 어렵다.

제목이 '오늘의 설명 사항'으로 되어 있지만, 이 제목으로는 내

[도표 19] 구성안(텍스트)

현황분석 보고 목차

A. 과제
B. 과정 평가
   성공요인
   현황 평가
   개선 기회
C. 시스템 평가
   성공요인
   현황 평가
   개선 기회
D. 운용 평가
   성공요인
   현황 평가
   개선 기회
E. 해결책

용을 전혀 유추해낼 수 없다. 목차로 사용되는 언어도 '요약'이나 '평가'라는 말이 혼용되어 전체적으로 통일감이 엿보이지 않는다.

'도표 19'는 텍스트 차원에서 구성을 정돈한 개선안이다. 제목이 '현황분석 보고 목차'로 되어 있어 앞으로 말할 내용이 무엇인지 이해할 수 있다. 내용도 '과제', '평가', '해결책'이라는 구성요소로 정리되어 있고, '평가'는 다시 '과정 평가', '시스템 평가', '운용 평가'로 나뉘어 있다. 그 아래에 각각 '성공요인', '현황 평가', '개선 기회'라는 항목이 마련되어서 전체적으로 고르게 균형이 잡혀 있다.

[도표 20] 구성안(도해)

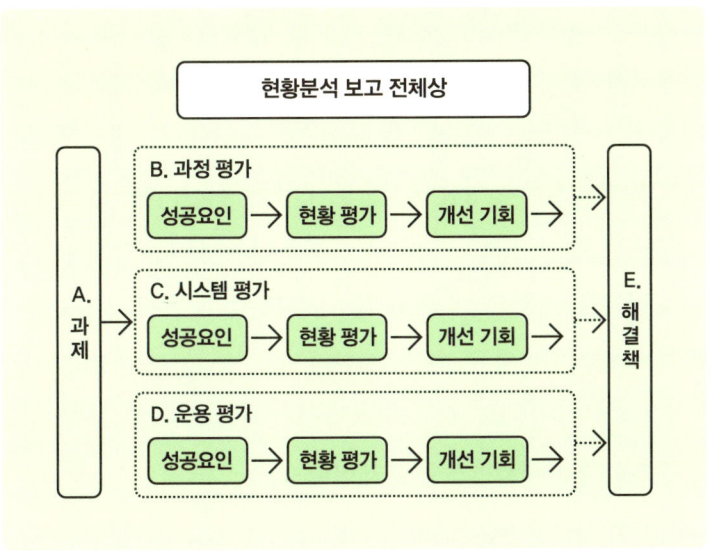

'도표 20'에서는 그것을 도해로 차트화했다. 도해를 이용해 시각적으로 표현하면 보다 쉽게 이해할 수 있다.

구성의 토대는 스토리보드

슬라이드의 구성에 대해서 설명했는데, 그 토대가 되는 것은 앞서 2장에서 설명한 스토리보드다.

메시지가 명확히 만들어지고, 그 메시지 아래에 스토리보드가 만들어지면 다시 구성을 다듬을 필요가 없다. 스토리보드가 그대로 슬라이드 구성이 된다.

그러나 여러 사람이 분담하여 다양한 콘텐츠를 제시하고, 그것들을 한데 모아 자료를 만드는 경우도 있다. 그런 경우에는 먼저 말하고자 하는 것, 전달하고자 하는 것을 끄집어내고, 그것들을 정리·정돈하여 순서를 생각하지 않으면 대대적인 수정이 발생한다. 그렇기에 앞서 설명한 방식으로 구성을 행해야 하는 것이다.

일단 스토리보드에 기초하여 자료를 만들어도 도중에 마음에 들지 않거나 전제조건이 변경되는 경우도 있다. 그 같은 경우에도 다시 이 슬라이드의 구성을 실시한다.

구조화에 이용하면 좋은 프레임워크

구성을 생각할 때 구조화 수단으로 적극적으로 도입해야 하는 것이 프레임워크다. 프레임워크를 보고서의 구성이나 목차에 도입하면 상대의 머릿속 책장을 간단히 만들 수 있다.

예컨대, 마켓이라면 3C(Customer : 시장·고객, Competitor : 경쟁사, Company : 자사), 마케팅이라면 4P(Product : 제품, Price : 가치, Place : 유통, Promotion : 프로모션), 혹은 프로세스, 시스템, 운용의 세 가지로 정리하는 식으로 프레임워크를 사용하면 상대도 이미 감각적으로 익숙한 것이 많아서 구성을 쉽게 이해할 수 있다.

프로젝트라면 '사람, 물건, 돈'이고, 서비스라면 소위 QCD(Quality : 품질, Cost : 비용, Delivery : 납기)라는 식으로 일반화된 프레임워크도 있다. 기업 경영이나 개혁이 주제라면 중핵이 되는 경영 콘셉트나 전략에 기초하여 '프로세스를 어떻게 수정할 것인가, 고객에게는 어떠한 대처를 해왔는가'를 기본 프레임워크로 자주 이용한다.

이미 비즈니스 현장이나 그 업계에서 일반적으로 자리 잡은 프레임워크가 있다면 자신의 언어나 분류를 이용하기보다는 프레임워크를 활용하는 편이 훨씬 상대의 이해를 도울 수 있다.

또한 평소부터 그런 프레임워크를 사용할 수 있도록 공부해두는 것도 좋다.

큰 항목의 수는 3, 5, 7

전체 구성에는 처음과 끝이 있고, 일반적으로 그 사이에는 2~5개의 큰 항목이 있다. 앞의 '도표 18'에서는 항목이 너무 많아서 일목요연하게 머릿속에 들어오지 않는다. '도표 19'에서는 처음에 'A. 과제', 끝에 'E. 해결책'을 두고, 그 사이를 세 개 항목으로 분류하여 간단히 이해할 수 있게 구성했다.

항목이 너무 많은 경우는 계층을 높여서 대분류를 다시 만들 필요가 있다. 매직 넘버라 불리는 3, 5, 7을 사용하면 좋다.

3은 어디에서든 흔히 사용되고 누구나 기억하기 쉬운 숫자다. 5는 3 더하기 2이기 때문에 이것도 비교적 알기 쉽다. 7이 되면 아무래도 기억하기 어렵지만, 예컨대 '전하고자 하는 바는 일곱 가지. 모두 S가 붙어 있다'는 식으로 키워드의 머리글자를 취해 기억하기 쉽게 일곱 가지로 정리하는 식으로 응용해 사용하면 좋다.

또한 항목을 줄이는 이유는 상대의 이해를 돕기 위해서이기 때문에, 실제로는 '도표 20'처럼 도해 차트를 그리고 '오늘 설명하고자 하는 것은 이것'이라고 상대에게 보이면 좋다. 단순히 텍스트를 중심으로 한 목차보다, 차트로 제시하며 '현황에 근거하여 세 가지 평가를 한 뒤에 해결책을 제시했다'고 말하면 보고서의 전체상을 직감적으로 이해할 수 있기 때문이다. 단 몇 초로 도입 부분의 설명을 마칠 수 있고, 전체상을 도표로 보여주기 때문에 상대의 머릿속에 책장이 만들어진다. 그러면 이후의 상세한 설명도 순조롭다.

목차를 다는 방법

책장이 만들어졌다면 다음에 목차를 단다. 전하고자 하는 내용을 적확히 표현할 수 있고, 그에 더해 상대가 목차로서 간단히 인식할 수 있는 것을 선택한다. 간단히 인식할 수 있는가의 여부는 상대나 소속된 업계에 따라 차이가 있기 때문에 정답은 존재하지 않는다. 타깃 프로파일링에 근거하여 알기 쉬운 표현을 선택하면 좋다.

포인트는 너무 길지 않을 것. '도표 20'의 '성공요인'이나 '과정평가'처럼 두 단어 정도가 적당하다.

목차에 같은 단어가 3회 이상 중복되어 나온다면 인수분해로 생략해서 중복된 단어를 밖으로 꺼내는 것이 좋다. '도표 20'도 '평가'라는 단어가 세 번 중복되기 때문에 가운데 부분을 크게 묶고, 그 안을 '과정', '시스템', '운용'으로 나누었다면 더욱 알기 쉬웠을지 모른다. 가능한 한 텍스트를 줄이는 쪽이 이해가 쉽다. 본질이 무엇인지 파악하기 쉬워지기 때문이다.

단, 너무 생략하면 뭐가 뭔지 알 수 없으므로 보고서 안에서 꼭 전해야 하는 것이라면 다소 장황하더라도 확실히 목차에 집어넣어야 한다.

이 부분은 균형이 매우 중요하고, 언어적인 센스도 필요하다.

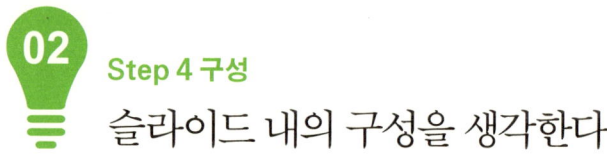

슬라이드 내의 구성을 생각한다

또 하나의 구성, '페이지 구성'

지금까지 슬라이드의 전체적인 구성에 대해 이야기했는데, 구성에는 다른 한 가지가 더 있다. 바로 '페이지 구성'이다.

페이지 구성이란 페이지의 스타일이나 서식을 미리 결정해두는 것을 가리키고, 이를 통해 헛수고를 없애고 총 작업량을 줄일 수 있다. 여러 사람이 분담하여 자료를 작성하는 경우에는 특히 중요하다.

'도표 21'은 단순한 구성 사례이지만, 기본이기 때문에 일단 짚고 넘어가자. 먼저 ①페이지 안에 메시지 라인은 어떻게 넣을 것인가, 그래프나 차트는 어디에 배치해야 하는가, 가이드라인은 어떻게 잡을 것인가 등등의 주요 부분을 결정한다. 그리고 ②모든 슬라이드에 공통으로 사용하는 서식이나 컬러를 설정한다. 그런 뒤에 ③샘플을 기입한다. 이렇게 하면 시각적으로도 이미지화하기

[도표 21] 페이지 구성

1 페이지 내에 이하의 오브젝트를 배치한다
- 메시지 라인
- 그래프·표·차트
- 가이드라인 등

2 공통으로 사용하는 서식 및 컬러를 설정한다

3 샘플을 기입한다

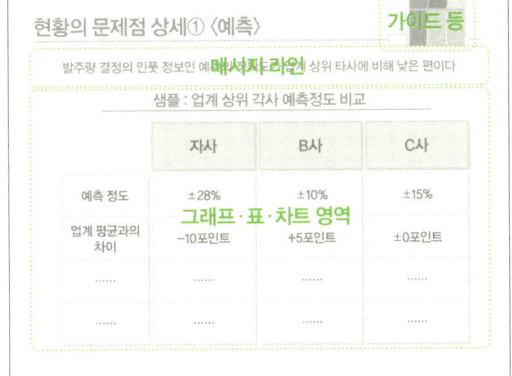

[도표 22] 오브젝트의 배치

균형·시선의 흐름·여백의 세 가지 시점을 고려하여 오브젝트를 배치한다

시점	균형 좌우대칭	시선의 흐름 위에서 아래로, 왼쪽에서 오른쪽으로	여백 30퍼센트 정도
나쁜 상태	위단과 아랫단의 균형이 나쁘다 안정감이 없다	흐름이 흩어져 있다 이해를 방해한다	슬라이드 가득 배치했다 압박감을 준다

3장 보고서의 구성을 생각한다

쉬워 작업효율도 높아진다.

또한 페이지를 구성할 때는 페이지 위에 오브젝트를 어떻게 배치할 것인가도 고려해야 한다. '도표 22'에 제시되어 있듯 그 포인트는 균형, 시선의 흐름, 여백이라는 세 가지이다.

균형 측면에서 보면 기본적으로 좌우대칭이 좋다. 그리고 시선의 흐름은 위에서 아래로, 왼쪽에서 오른쪽으로 흘러가는 것이 자연스럽게 때문에 보고서를 작성할 때도 이를 따르도록 한다. 여백 측면에서 보면 극단적으로 여백이 적으면 압박감이 느껴지기 때문에 지면의 30퍼센트 정도는 여백으로 남겨 배려하는 것이 좋다. 이러한 시선에 관한 이론에 따라서 사전에 페이지 구성을 결정해두도록 한다.

구성이 순조롭게 진행되지 않을 때는 논리에 문제가 있다

'도표 22'의 '나쁜 상태'의 사례처럼 오브젝트의 볼륨이 제각기 다르거나 위단과 아랫단의 균형이 극단적으로 나쁜 구성이나 이야기하는 순서와 오브젝트의 배치가 뒤죽박죽이면 상대가 제대로 내용을 이해할 수 없다.

예컨대 전하고 싶은 것이 세 가지 있고, 그것의 수준이 균등하면 자연히 볼륨도 균형을 이룬다. 그런데 페이지 구성에 억지가 생긴다면 그것은 이전 단계의 근본적인 논리에 문제가 있다는 것을 의미한다. 논리적이지 않거나 생각나는 순서, 혹은 쓰고 싶은 대로 썼기 때문에 그 같은 일이 벌어지는 것이다.

  구성이 생각처럼 수월하게 진행되지 않는다면 번거롭더라도 스토리보드 등 이전 단계로 돌아가 논리적인 오류가 있지는 않은지 확인하고 바로잡는다.

 **Step 4 구성**

구성의 응용

'풀버전'과 '보고용 버전'의 두 가지 구성을 준비한다

슬라이드 전체의 구성을 생각할 때 가급적 '풀버전'과 '보고용 버전' 두 버전을 염두에 두는 것이 바람직하다.

보고용 버전이란 '보고용 요약executive summary'이라 하여 바쁜 중역을 대상으로 가장 전하고자 하는 포인트를 짧게 정리한 것이다. 요컨대 무엇을 말하고자 하는지를 한 장에 정리한 것, 또는 여러 장이라도 한 번 대략 훑어보기만 해도 내용을 알 수 있는 것이다.

꼭 경영 간부를 대상으로 하지 않더라도 비즈니스에서 상대는 대개 시간에 쫓기고 있기 때문에 제안이나 설명을 할 때도 주어진 시간을 모두 활용할 수 없는 경우가 대부분이다. 상대가 약속한 시간보다 늦게 나타나기도 하고 주어진 시간을 대폭 줄여서 설명을 마쳐달라고 요구하기도 한다.

특히 엘리베이터 토크에서는 대단히 바쁜 경영 간부를 상대로

[도표 23] 구성 체크리스트

Good

슬라이드 구성
- 스토리보드나 슬라이드 구성이 일치하고 각 장의 표지가 적절히 삽입되어 있다
- 전체상을 보여주는 맵이 설정되어 있다

페이지 구성
- 균형·시선의 흐름·여백을 고려한 오브젝트 배치가 되어 있다
- 이용하는 상황에 맞춰 적절한 서식·컬러를 설정하고 있다
- 페이지 구성을 결정한 뒤에 작성하기 시작한다
- 목적·목표와 연결되어 있다

Bad

슬라이드 구성
- 스토리보드와 슬라이드 구성이 갖춰져 있지 않다
- 도큐멘테이션 구성의 전체상이나 부분에 관련성이 보이지 않는다

페이지 구성
- 오브젝트 배치, 서식에 규칙이 없다
- 이용 상황을 고려하지 않고 서식·컬러를 설정하고 있다
- 무턱대고 작성에 착수하고 최종적으로 맞추는 식으로 작성하고 있다
- 목적·목표와의 연결이 불명확하다

2~3분 동안 설명해야 하기 때문에 전체상을 차트로 보이고 상대가 관심을 보이는 부분만 설명하기도 한다. 또한 두세 장의 주요 차트만 보이는 경우도 있다.

'풀 버전'은 관심을 보이는 부분에 대하여 '상세한 내용은 이 첨부자료를 봐달라'고 말할 때 활용하는 것으로 경우에 따라 10여 장이라 해도 문제될 것이 없다.

한편 보고용 버전은 재빨리 훑어본 뒤 메시지가 무엇이었는지 순간적으로 떠올릴 수 있도록 한 장이나 서너 장 정도가 좋다.

보고서의 목적을 달성하기 위해 상황에 따라 임기응변으로 대응할 수 있도록 준비해두자.

의미의 이해를 돕는 보고서 작성법

정보의 질과 양을 최적화한다

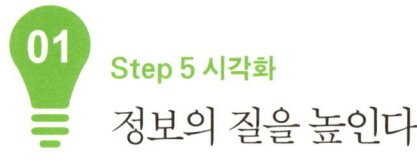

01 Step 5 시각화
정보의 질을 높인다

이해하기 어려운 슬라이드의 문제점

드디어 [Step 5] 시각화에 대한 설명이다. 이제야 겨우 컴퓨터 앞에 앉을 수 있게 되었다.

하지만 작성 테크닉에 대해 이야기하기에 앞서 이해하기 어려운 보고서란 무엇이 문제인지를 생각해보자('도표 24'). 이해하기 어려운 보고서의 문제점을 찾는다는 것은 곧 이해하기 쉬운 보고서는 어떻게 시각화해야 하는 것인지에 대한 이해이기도 하다.

먼저 가공이나 양식만이 아니라 본래 소재인 정보나 사용하는 언어도 보고서의 이해를 방해하는 중요한 요인으로 작용한다.

먼저, 정보의 질 자체가 좋지 않으면 이해하기 어려운 보고서가 나올 수밖에 없다. 요리에서 말하면 요리의 재료 자체가 나쁜 경우다.

정보의 신선도가 떨어지거나 데이터를 다루는 방식이 잘못되

[도표 24] 이해하기 어려운 보고서의 원인

> 정보의 질이 나쁘다

> 정보의 양이 많다

> 정보 가공이 적절하지 않다

> 사용한 기능이 효과적이지 못하다

어 있거나 혹은 애초 메시지 자체가 없는 것조차 있다. 있어서는 안 되는 일이지만 제안 자체에 가치가 결여되어 있는 경우마저 있다. 정보의 질이 나쁜 경우, 도큐멘테이션 기술로는 이를 도저히 보완할 수 없다.

두 번째로는 정보의 양이 너무 많은 문제를 꼽을 수 있다. 요리도 재료가 제아무리 좋아도 무턱대고 다 넣으면 소화불량을 일으킨다. 최근에는 특히 이 문제가 두드러진다. 이것도 전하고, 저것도 전하는 바람에 정보를 다듬지 못한다. 혹은 질문이나 요구에 따라 보고서의 양을 늘리는데, 그러면 본질이 보이지 않아서 더욱 의문이 양산되고 결국 의사결정이 늦어진다.

세 번째는 질도 좋고 양도 적절했지만 정보 가공이 좋지 않은 경우다. 요리에 비유하여 말하면 당근을 너무 크게 썰었다거나 무에 흙이 묻어 있어서 그대로 먹을 수 없는 경우다. 이 경우에는 정보를 사실 그대로 전하기보다 그 정보의 영향력이 돋보일 수 있도록 표나 그래프로 가공할 필요가 있다. 아니면 비유나 유추를 이용하여 보다 소화하기 쉽게 만들어야 한다.

네 번째는 효과적으로 보이기 위해 사용한 기능이 오히려 효과를 반감시키는 경우다. 파워포인트의 기능이 증가함에 따라 이것이 이해를 방해하는 요인으로 크게 작용하고 있다. 일러스트나 애니메이션이나 컬러를 사용하는 것은 좋지만, 그 사용이 서툴러 오히려 이해를 방해한다면 이는 사용하지 않은 것만 못하다. 요리에 비유하면 고춧가루를 지나치게 넣었다고 말할 수 있을 것이다.

사용할 언어를 선택하고 의미를 정의한다

지금까지 이해하기 어려운 보고서는 어느 부분이 문제인지에 대하여 살펴봤는데, 이제 그런 문제를 피해 이해하기 쉬운 보고서를 만드는 '시각화'의 기술에 대해 하나하나 살펴보자. 먼저 시각화 기술의 첫 번째는 정보의 질을 높이는 것이다. 여기에는 ①사용할 언어를 선택하여 의미를 정의한다, ②구체와 추상의 균형을 잡는다, ③제목·목차와 내용의 불일치를 없앤다는 세 가지 포인트가 있다.

먼저, 정보의 질을 높이는 첫 번째 포인트는 언어를 엄선하는 것

[도표 25] 정보의 질을 높이는 방법

사용할 언어를 선택하고 의미를 정의한다
가치, 과제 등의 화제
리뷰, 커뮤니케이션, 조직적 협동 작업 등의 동작
정보의 신선도를 확인한다

구체와 추상의 균형을 잡는다
구체성 : 상당히 지연되었다 → 평균 하루지만, 3일 이상 늦었다
　　　　'귀중한 의견을' → '개선점, 바라는 것이 있다면'
추상성 : 장황한 문장을 정리하다 → 퇴고하다

제목·목차와 내용의 불일치를 없앤다
예 : '성과'라 적고 '한 일'을 적는다
　　　'특징'이라 적고 '평범한 것'을 적는다

이다. 보고서 작성은 얼마만큼 정밀한 언어를 사용하느냐에서부터 출발한다. 사용할 언어를 의식적으로 선택하고, 자신이 사용하고 있는 언어를 명확히 정의해둘 필요가 있다.

　수많은 자료를 보면서 늘 마음에 걸리는 것이 있는데, '밸류'나 '과제', '지원'처럼 복수의 의미로 쓰이는 말들이다. 자주 사용되고, 어렴풋이 알 것도 같아서 편리하지만 조금만 파고들면 무엇을 가리키고 있는지 통 알 수 없는 경우가 많다. 특히 동작을 나타내는 영어 단어는 더 주의해서 사용해야 한다. '리뷰하다'는 말을 단순히 읽는 것으로 생각하는 사람도 있고, 단어 하나하나를 교정해가면서 읽는 것으로 생각하는 사람도 있고, 품질관리에 책임을

지는 것이라고 생각하는 사람도 있다. 업계나 상황이 다르면, '상품의 품평을 쓰는 것'이나 '복습하는 것'으로 이해하기도 한다. 구체적으로 무엇을 한다는 것인지 알 수 없는 말이다.

또한 버즈워드 buzz word 라는 말을 쓸 때도 주의가 필요하다. 버즈워드란 업계의 일정 그룹 사이에 널리 사용되고 있지만, 그 실태가 명확하지 않은 비교적 새로운 말이다. '잘 모르지만, 굉장하다'는 이미지를 선사한다는 의미에서는 좋을지도 모르지만, 진정한 의미에서 이해를 받을 수 있을지는 장담할 수 없다.

'로하스'라는 말도 애매한 말 중 하나다. '로하스 생활을 추구한다'고 하면 건강을 지향한다는 의미인지, 환경을 가리키는 말인지, 자연스러운 패션 아이템을 가리키는 것인지, 어떻게 파악하면 좋을지 알 수가 없다. 특히 IT업계는 버즈워드가 매우 많고 마케팅(여기서는 '팔기 위한 시스템'이라는 의미로 사용한다) 측면에서 활용하고 있다. '모두 사용하니까' 하고 아무 생각 없이 사용할 것이 아니라 선별해서 사용해야 한다.

이들 언어를 절대 사용해서는 안 된다는 뜻은 아니다. 의미가 애매한 말을 사용할 때는 정의를 달아야 한다는 것이다. 이번 보고서에서 어떤 의미로 사용할지 스스로 선택하고 정의해야 한다. '솔루션'이라는 말을 사용하지 않고 제안서를 만들기란 경우에 따라서 매우 어려운 것이 사실이다. 이때는 도입부에 '여기서 말하는 솔루션이란 ○○라는 의미'라고 명시해두면 혼동을 미리 방

[도표 26] 애매한 단어의 예

형용사 / 부사	최적의 / 대단한 / 귀중한 / 매력적인 / 예민한 / 공평하고 투명하게 / 표준의 / 통합적
동사	검토하다 / 선처하다 / 지원하다 / 커뮤니케이션하다 / 체크하다 / 매니지하다 / 서포트하다
명사	가시화 / ○○력(제안력, 커뮤니케이션력, 학습력)
영어	솔루션 / 밸류 / 프로페셔널 / 캐퍼빌러티 / 글로벌 / 가버넌스

예 : 귀사에 최적의 솔루션 도입을 지원합니다
예 : 프로페셔널이 밸류를 제공합니다

지할 수 있다.

 더욱이 그래프나 표 등에 통계 데이터를 사용할 때는 너무 오래된 정보는 아닌지, 갱신된 정보는 없는지에 대해서도 신경을 쓸 필요가 있다. 비즈니스 속도가 점점 빨라지고 있는 지금은 불과 2년 전의 것도 '낡은' 것처럼 느껴진다. 또한 자주 사용된 나머지 신선도가 떨어지거나 본래의 의미가 옅어진 용어도 있다. 예컨대 '프로페셔널'이라는 단어는 다양한 업계나 상황에서 사용된 탓에 손때가 묻은 느낌이 든다. 한때 '리먼 쇼크 이후'라는 말이 수식어처럼 사용된 적이 있는데, 이것도 이미 오래된 느낌이 난다.

구체와 추상의 균형을 잡는다

정보의 질을 높이는 두 번째 포인트는 구체와 추상의 균형을 유지하는 것이다. 앞에서 버즈워드에 주의하지 않으면 안 된다고 말했는데, '상당한'이나 '매우'라는 형용사나 부사를 사용하기보다는 '평균 하루가 걸리지만 3일 이상'이나 '도쿄돔 ○개분'이라는 식으로 수치를 넣어 구체화하는 편이 이미지를 그리기에 쉽다.

흔히 '최적의 솔루션을 제공한다'는 표현을 사용하는데, 이것도 좋지 않다. 최적이 어떤 상태인지 그 값을 정의할 수 없기 때문이다. '의뢰받은 뒤 최단 ○일 동안에'나 '90퍼센트의 고객이 30퍼센트의 경비 삭감에 성공했다'는 식으로 구체성을 부여해야 이해하기 쉽고 강한 인상을 심어준다. 이렇게까지 구체적인 표현으로 적을 수 없다면 오히려 가치나 경쟁 우위성이 없는 것일지도 모르니 소재 그 자체를 되새겨볼 필요가 있다.

그렇지만 구체적인 것만을 장황하게 늘어놓으면 신선도가 떨어져 보일 수 있기 때문에 한마디로 간결하게 표현할 수 있는 것은 추상성을 높여 강하게 표현하는 것이 좋다. 뭐라 표현하기 어려운 상태를 한껏 추상성을 높여 새롭게 정의하는 방법도 상대에게 감동을 안겨주는 보고서에는 필요하다.

특히 강한 인상을 심어주고 싶은 부분이나 가치를 강조하고 싶은 부분은 구체적으로, 반대로 이미 합의가 이뤄진 절차적인 부분이나 모두가 알고는 있지만 뭐라 표현할 수 없는 부분은 추상적으로 표현한다. 이런 식으로 구체와 추상을 구분하여 사용하는 것이 좋다.

제목·목차와 내용의 불일치를 없앤다

정보의 질을 높이는 세 번째 포인트는 제목과 내용의 불일치를 없애는 것이다. 당연한 일이라고 생각할지 모르지만, 제목과 내용이 달라서 쓸데없는 혼란을 초래하는 경우가 종종 있다.

예컨대 제목에는 '○○프로젝트의 성과'라고 적고는 성과에 대해서는 전혀 언급하지 않는 경우다. 성과라면 보통은 '○퍼센트 삭감', '○퍼센트 매출상승'이라는 내용이 있어야 할 것이다. 그런데 지금까지 어떤 대처를 해왔는지에 대한 보고만이 이어진다. 보고서를 보는 사람은 머릿속에 '성과'라는 그릇을 준비해놓고 기다리고 있기 때문에 '무슨 말을 하는지 좀처럼 알아듣기 어렵다'는 반응을 보일 것이다. 보고서를 작성하는 입장에서는 프로젝트를 깊이 생각하다 보니 '성과'라는 말을 사용했는지도 모르고, 자신이 어떤 대처를 해왔는가에 대하여 들려주고 싶은 마음이 있었을지도 모른다. 하지만 그것은 자신이 말하고 싶은 것이지 결코 상대가 듣고자 하는 것이 아니다.

또한 제목에는 '특징'이라 해놓고 그저 평범한 내용만을 열거하는 경우도 흔히 볼 수 있다.

'정보의 질을 높인다' = '제안할 내용의 질을 높인다'

지금까지 제시한 '정보의 질을 높이기 위한 세 가지 포인트'는 결국 제안이나 주장하고 싶은 내용을 얼마만큼 잘 전달할 수 있느냐 하는 이야기와 일맥상통한다.

앞에서 이야기했듯이 '특징'이라는 제목을 붙이고 특징을 언급하지 않았다면 아무리 보고서를 화사하게 꾸몄다고 해도 이해하기 쉬운 보고서라고 말할 수 없다. '성과'의 예도 마찬가지다.

여기서 확실히 짚고 넘어가지 않으면 이후 시각화를 통해 무엇을 하든 분명히 말해 모두 쓸데없는 시간 낭비일 따름이다. 때로는 메시지인 'A이기 때문에 B'의 'A이기 때문에' 자체가 잘못된 경우도 있다.

이 부분은 로지컬 씽킹에 관한 것이기 때문에, 보고서 작성의 범주에서 어디까지 거슬러 올라가 다루어야 하는지 어려운 문제이다. 다만 정보의 질을 갖춘 후에야 시각화가 성립한다는 점을 이해할 필요가 있다. 이 단계를 건너뛰고서는 보고서를 잘 쓸 수 없다. 보고서를 작성하는 과정을 통해 정보나 주장의 질이 높아지기도 하지만, 이는 본래 보고서 작성에 착수하기 전 단계에서 해결되어야 하는 문제인 것이다.

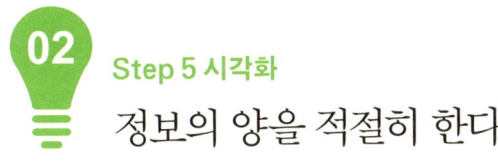

Step 5 시각화

정보의 양을 적절히 한다

정보량이 슬라이드의 이해를 방해한다

간단히 이해할 수 있는 보고서를 만들기 위한 시각화의 기술, 그 두 번째는 '정보의 양을 적절히 하는 것'이다.

특히 최근에는 정보가 지나칠 정도로 쏟아져 나오고 있어서, 이를 적절히 잘라내지 못하고 필요 이상으로 많은 정보를 담아낸 탓에 본질이 무엇인지 전혀 알 수 없는 보고서가 자주 보인다.

잘라낸다는 것은 중요한 것과 그렇지 않은 것을 구분하는 일이다. 그리고 구분하기 위해서는 보다 깊은 사고가 필요하다. 정보량이 너무 많거나 반대로 너무 적으면 이후의 가공 단계도 순조롭게 진행되지 않는다.

그렇다면 어떻게 정보를 적절한 양으로 줄일 것인가? 그 방법에 대하여 생각해보자.

[도표 27] 정보를 적절한 양으로 잘라내는 방법

일단 줄인다
중복된 단어, 수식어, 장황한 어미를 삭제
문장 → 항목 쓰기 → 키워드 → 차트
수치 → 표·그래프

인수분해를 한다
반복적으로 나오는 말을 밖으로 꺼낸다
$ab+ac+ad=a(b+c+d)$

양을 제한한다
폰트 사이즈나 기재 공간을 다시 결정한다

정보의 양을 적절히 한다 ① 일단 줄인다

우선은 여하튼 정보—정보 중에서도 본질적이지 않은 문자의 수—를 줄이려는 노력을 해야 한다. 예컨대 중복되는 말이나 수식어, 장황한 어미는 가급적 삭제한다. 또한 문장은 항목 쓰기로 표현한다. 그것을 다시 키워드로 뽑아내어 최종적으로 도식화할 수 있는 부분은 도해로 표현한다.

수치는 가능하다면 표나 그래프로 가공한다. 특히 표에 숫자나 글자만 있으면 정보량이 많아서 한눈에 파악하기 어렵기 때문에 가급적 그래프로 만들거나 항목 꺼내기 등을 통해 글자 수를 줄이기 위한 노력을 한다. 자세한 내용은 뒤에 소개하도록 하겠다.

정보의 양을 적절히 한다 ② 인수분해를 한다

정보량을 적절히 하는 테크닉 중 하나로 '인수분해'가 있다.

인수분해란 'ab+ac+ad=a(b+c+d)'처럼 문서에 반복적으로 등장하는 말을 밖으로 꺼내 라벨을 붙이는 것을 의미한다.

'도표 28', '도표 29'를 보자. 이것은 고객에게 '웹서비스를 이와 같은 단계로 발전시켜가자'고 제안하는 로드맵 차트다. '도표 28'이 인수분해를 하지 않은 [Before], '도표 29'가 인수분해를 한 뒤에 정리한 [After]이다.

얼핏 보더라도 '도표 28'은 정보량이 많아 하나하나 읽지 않으면 무슨 내용인지 이해할 수가 없다. 하지만 '도표 29'는 인수분해를 거쳐 정보량이 줄어들었고, 글자도 큼직해서 직감적으로 간단하게 알 수 있다.

로드맵의 개요는 이러하다. 레벨 1은 현황으로서 자사가 자신들의 시점에서 상품구성에 기초한 웹페이지를 만들었다고 적고 있다. 그것을 레벨 2에서는 사용자의 시점으로 전환하자고 제안한다. 레벨 3에서는 그것을 한층 성장·발전시켜서 플랫폼(소프트웨어나 하드웨어가 동작하기 위해 필요한 기본이 되는 하드웨어나 OS-옮긴이) 아래에서 다양한 서비스를 할 수 있는 상태로 만들자고 제안한다. 이후 레벨 4에서는 유저의 요구나 구매과정 속에 파고들어 사실

[도표 28] 정보가 지나치게 많은 슬라이드 [Before]

[도표 29] 정보를 인수분해한 슬라이드 [After]

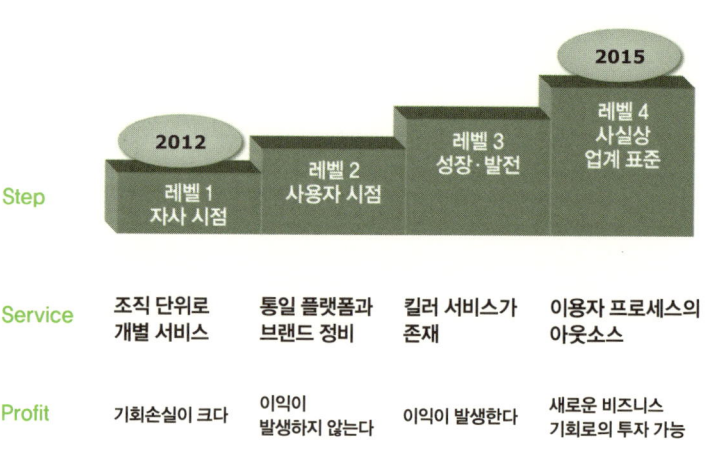

상 업계 표준 de facto standard 으로 만들자고 제안하고 있는 것이다.

인수분해 과정은 아래와 같이 이루어진다. 먼저 '도표 28 [Before]'에 여러 개의 단락이 있는데, 레벨 1부터 레벨 4까지 맨 위 첫 문장은 고객이나 사용자의 시점을 다루고 있다.

두 번째 문장에는 레벨 1부터 레벨 4까지 모두 '서비스'라는 문구가 들어가 있다. 이는 서비스나 브랜드에 대한 내용이다. 세 번째 문장에는 모두 '비즈니스 측면'이라는 문구가 들어가 비즈니스나 이윤 profit 에 관한 정보를 담고 있음을 알 수 있다.

이런 고찰을 근거로 각 단계에서 공통적인 부분을 밖으로 꺼내어 큰 묶음으로 만들고, 거기에 제목을 붙인다.

그 결과 'Service(서비스)'와 'Profit(이윤)'의 두 축으로 간결하게 정리한 것이 '도표 29 [After]'이다. 레벨 1부터 레벨 4까지는 각각 '자사 시점', '사용자 시점', '성장·발전', '사실상 업계 표준'이라고 각 단계의 명칭을 붙였다.

머리에 떠오른 내용을 그대로 적으면 아마도 '도표 28'처럼 될 것이다. 그것을 좀 더 깊이 생각하면 각각의 단계에서 서비스나 이윤에 대하여 설명하면 된다는 것을 깨달을 수 있다. 이렇게 정리하면 상대의 머릿속에도 정보가 정리된 상태로 쏙 들어가게 된다. 이 과정을 통해 '통일 플랫폼'이나 '킬러 서비스 killer Service'라는 자료의 핵심을 한층 돋보이게 만들 수 있다.

정보의 양을 적절히 한다 ③ 양을 제한한다

또 한 가지 정보의 양을 적절히 하는 테크닉은 양을 제한하는 것이다. 이것은 글자 크기나 기재 공간을 미리 정하여 그 제한 안에서 내용을 담는 방법이다. 예컨대 '글자 크기는 24포인트로 이 공간에 쓸 수 있는 내용까지만 담는다'고 스스로 정하면 된다. 결과적으로 필요하지 않는 것을 자동적으로 잘라내는 작업이 행해지고 정보가 적당하게 갖춰진다.

역설적이고 정형적인 방법이기 때문에 얼핏 주객이 전도된 것처럼 생각될지 모르지만, 요컨대 한정된 공간 안에서 어떻게 본질을 담아낼지 의식적으로 창의력과 노력을 발휘하려는 행동이기도 하다. 주간지도 짧은 글자 수로 알기 쉽게, 게다가 사람의 마음에 호소하는 제목이나 목차를 경쟁하듯 내놓고 있다. 거기에도 프로의 기술이 있다.

보고서 작성도 마찬가지다. 정보량에 제한을 두고 본질적인 요소를 표현하는 훈련을 반복하면 언어를 선택하는 감각도 향상된다. 똑같은 열 글자라도 의식하지 않았을 때와 비교하면 강한 인상을 심어주는 가장 알맞은 문구를 만들 수 있다.

적정한 정보량이란?

실제 차트 하나에 어느 정도의 정보량이 적절한지는 보고서를 어떻게 사용하는지에 따라 다르다.

프레젠테이션이나 세미나처럼 프로젝터로 비춰 이야기하는 경우와 종이 자료로 읽는 경우로 나눌 수 있는데, 프로젝터로 비추는 경우 폰트(글자) 크기는 16포인트 이상일 필요가 있다. 16포인트보다 작으면 뒤쪽 자리에서는 잘 보이지 않는다.

글자의 크기를 결정하면 자연히 글자 수도 제한된다. 목차에서 20포인트 이상, 본문에서 최소 16포인트 이상이 타당하기 때문에 본문의 글자 수는 대략 2행으로 100자 이하가 된다.

종이로만 제출하는 경우에는 12포인트 정도의 작은 글자로도 충분히 읽을 수 있지만, 작은 글자가 너무 많으면 읽고 싶은 마음이 잘 생기지 않는다. 글자가 작아지면 한 번에 유입되는 정보량이 증가하기 때문에 처음부터 너무 작은 글자로 설정하지 않는 것이 좋다. 구체화와 추상화의 균형을 잡으면서 보기 편하고 이해하기 쉬운 보고서를 만들도록 한다.

컨설팅 제안서인 경우에 보고서에 담는 정보량은 고객의 요구에 따라 달라진다. 경우에 따라서는 소설책처럼 작은 글씨가 빼곡한 두툼한 보고서를 선호하는 사람이 있는가 하면, 가급적 글자는 줄이고 도해로 표시하는 것을 선호하는 사람도 있다. 기업문화에 따라서도 달라지기 때문에 이런 점도 첫 단계에서 이뤄지는 프로파일링에서 정보를 모아 판단하는 것이 좋다.

더불어 보고서를 업무 과정 중 어느 단계에서 사용하는지에 따라서도 달라진다. 대략적인 내용이 오가는 첫 모임에 세세한 부분까지 작성한 보고서를 가지고 가면 그다시 큰 의미를 만들어낼 수 없다.

아이디어를 상기시키는 자리에서는 대략적인 안만 만들고, 그에 대해 모두가 이렇다 저렇다 하며 의견을 제시할 정도의 보고서가 합당하다. 처음부터 세세한 부분까지 적으면 아이디어가 나올 때까지 쓸데없이 많은 시간이 소모되기도 한다.

생각이 얕을수록 글자 수는 많아진다

보고서를 작성하는 사람은 모든 것을 쓰고자 한다. 그 결과, 문자의 양이 많아진다. 극단적인 표현일지 모르지만, 그 이면에는 많이 쓸수록 일한 것 같은 성취감을 얻을 수 있어서 안심이 된다는 심리가 도사리고 있다.

앞에서 말한 바와 같이 정보를 잘라내고 최소한의 양으로 간추리기 위해서는 필요한 부분이 무엇이고, 이를 어떻게 상대가 이해하기 쉽게 전달할 것인가에 대해 생각하지 않으면 안 된다. 표나 그래프, 차트로 만들 때에는 본질적인 요소를 돋보이게 하기 위해 무엇을 없애고 무엇을 강조할 것인가 하는 생각을 반드시 거쳐야 한다.

머릿속에 떠오른 것을 시시콜콜 그대로 담아내서는 비즈니스 보고서로 적당하지 않다. 수필이라면 몰라도 말이다. 비즈니스를 할 때는 보고서를 작성하기 이전에 곰곰이 사고하는 과정이 결코 빠져서는 안 된다. '무엇이 중요한가, 무엇을 전하고자 하는가, 어디를 강조하고 싶은가, 그를 위해 어떤 구성으로 어디를 삭제할 것인가, 혹은 무엇을 정리하여 추상성을 높일 것인가' 등등을 분명히 생각하고 나서 컴퓨터로 작성하는 작업에 착수해야 한다. 장담하건대 그래야 실제 작업시간을 단축할 수 있고 수정도 최소화할 수 있다.

의미의 이해를 돕는 보고서 작성법
비주얼 오브젝트 테크닉

Step 5 시각화

표를 가공한다

비주얼 오브젝트와 비주얼 이펙트

지금까지는 [Step 5] 시각화의 기술 중 ①정보의 질을 높일 것, ②정보의 양을 적절히 할 것에 대하여 이야기했다. 이 둘은 이른바 정보를 적절히 가공하기 위한 전 단계에 해당한다.

드디어 지금부터 정보의 구체적인 시각화 기술로 들어간다.

시각화의 구성요소는 비주얼 오브젝트와 비주얼 이펙트로 나눌 수 있다.

비주얼 오브젝트란, 메시지를 표현하는 것으로 비즈니스에서는 표나 그래프, 차트로 크게 나눌 수 있다.

비주얼 이펙트란, 메시지의 이해를 돕기 위한 효과적인 수단으로 컬러링, 일러스트, 애니메이션으로 나눌 수 있다.

비주얼 오브젝트와 비주얼 이펙트의 기술이 다 갖춰졌을 때 최종적으로 보고서의 시각화에 성공했다고 말할 수 있다.

[도표 30] 비주얼의 구성요소

비주얼 오브젝트
메시지를 표현하는 것

1. 표
2. 그래프
3. 차트

비주얼 이펙트
메시지의 이해를 돕기 위한 효과적인 수단

I. 컬러링
II. 일러스트
III. 애니메이션

↓

비주얼 오브젝트의 가공 테크닉

표	셀에 적을 문자·수치를 줄인다 착안점을 명시한다
그래프	스케일, 눈금선을 바꾼다 차이를 두드러지게 한다
차트	표준 차트를 철저하게 이용한다 비유나 키워드를 추출하고, 평가를 명확히 한다

그렇다면 시각화의 세 번째 '정보를 적당히 가공하는' 방법을 구체적으로 살펴보자. 먼저 표의 가공에 대해서 설명해보겠다.

표의 개선 전과 후(Before&After)

우선 표의 가공 테크닉부터 살펴보자.

당신은 일상적인 보고서를 작성할 때 어떻게 표를 만들고 있는가? 평소 자주 보는 표 중에서 신경이 쓰이는 것이 두 가지 있는데 하나는 셀 하나에 문자나 숫자가 너무 많이 들어가 보기 힘든 것이고 다른 하나는 정보가 지나치게 많아서 도대체 표의 어디를 봐야 할지 모르겠는 것이다. 이 두 가지를 개선하여 셀에 넣을 문자나 수치를 줄이고 착안점을 명시한다는 의식만 가져도 표가 완전히 달라져 한눈에 알아보기 쉬워진다.

구체적인 예를 들어 살펴보자. '도표 31', '도표 32'를 보자. 양쪽 다 동일한 주제로 '인터넷 열람제어 소프트웨어 니즈 조사'에 대한 표를 작성했다. '도표 31 [Before]'가 수정하기 전, '도표 32 [After]'가 수정을 거친 것이다.

윗부분에는 '인터넷의 유해성에 대하여 약 90%의 부모가……' 라고 양쪽 모두 같은 메시지가 있고 사용한 데이터 역시 똑같다. 차이가 있다면 표의 가공법뿐이다.

[도표 31] 인터넷 열람제어 소프트웨어 니즈 조사 [Before]

인터넷의 유해성에 대하여 약 90%의 부모가 무엇인가 대응을 하고 있고, 특히 저학년 자녀를 둔 부모는 그 위험성을 강하게 느끼고 있다. 그러나 제어 소프트웨어의 사용률은 의외로 낮아 열람제어 소프트웨어의 판매에는 잠재적인 니즈가 있다.

	0~3세	4~6세	초등학교 저학년 (1~3학년생)	초등학교 고학년 (4~6학년생)	중학생	고등학생
자녀가 인터넷을 사용할 때 주의할 점을 가르치고 있다	3.6%	8.2%	65.6%	46.7%	45.8%	50.3%
유해정보(포르노, 도박 등)의 차단 소프트웨어를 사용하고 있다	1.7%	2.0%	10.1%	9.9%	6.5%	7.8%
자녀가 인터넷을 사용할 때 옆에 있는다	10.4%	51.5%	47.2%	30.1%	20.3%	5.5%
특별히 제어하지 않는다	7.6%	9.3%	8.8%	9.8%	9.2%	8.3%
자녀전용 사이트(키즈goo 등)만을 이용하게 한다	3.3%	14.8%	27.5%	19.2%	8.2%	2.1%
자녀에게는 인터넷이나 이메일을 사용하지 못하게 한다	16.6%	32.7%	57.2%	8.9%	5.5%	1.2%

개선 포인트

[Before]에서 [After]로 개선할 때의 포인트는 아래와 같다.

1. 항목 꺼내기

먼저 [Before]에서는 세로축 셀 항목이 문장으로 되어 있어서 무엇에 대한 데이터인지 일일이 읽지 않으면 이해할 수 없다. 또한 각각의 조사항목의 연관성도 한눈에 들어오지 않는다.

그래서 [After]에서는 항목을 꺼내어, 먼저 '자녀의 인터넷 활용에 대하여 대응을 하고 있는지'에 대한 여부를 '대응하고 있음',

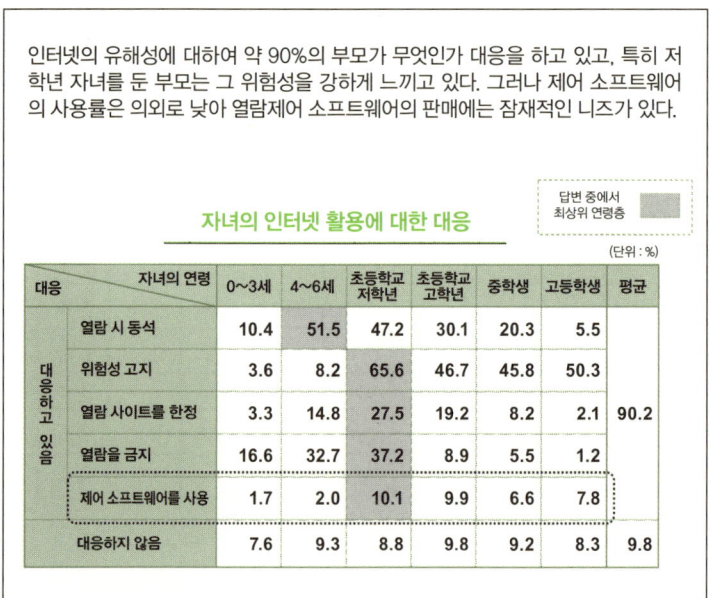

[도표 32] 인터넷 열람제어 소프트 니즈 조사 [After]

'대응하지 않음'으로 크게 분류하여 나란히 놓았다. 그리고 한눈에 확연히 평가항목이 보이도록 문장을 짧고 간결하게 수정했다.

2. 셀 표기

[Before]에서는 표의 수치를 보기 어려웠기 때문에 [After]에서는 표 안의 수치가 한눈에 보이도록 수치의 폰트를 키우고 오른쪽 정렬했다. 또한 셀 내의 문자는 짙게, 숫자의 폰트는 Arial체를 썼다. 개선하기 전의 셀 내의 수치는 모두 '%'를 표기했는데, 이것

도 깔끔하게 한눈에 보이도록 표 밖으로 '(단위 : %)'를 꺼내고 표 안에는 수치만 기입했다.

3. 강조

전하고자 하는 것은 표 위에 적힌 메시지다. 그러나 [Before]에서는 그 메시지와 표와의 관련성을 알기 어렵다. 그래서 [After]에서는 표와 메시지를 연동시키고 표의 어디를 보면 메시지의 내용이 담겨 있는지 알 수 있도록 강조했다.

먼저 메시지에 '인터넷의 유해성에 대하여 약 90%의 부모가 무엇인가 대응'을 하고 있고'라고 적고 있지만, [Before]에는 근거가 되는 수치가 없이 그러한 결론이 어떻게 나왔는지 설명할 수 없다. 그래서 [After]에서는 메시지의 근거가 되는 '(무엇인가) 대응하고 있음'의 평균치 90.2%를 덧붙였다. 이것에 의해서 '대부분의 부모가 대응하고 있다' 즉 관심과 니즈가 존재한다는 결론으로 자연스럽게 전개할 수 있다.

또한 [After]에서는 각각의 대응책을 가장 많이 사용하고 있는 연령층을 나타내는 셀의 영역에 음영을 주어 돋보이도록 했다. 이것은 '특히 저학년 자녀를 둔 부모는 그 위험성을 강하게 느끼고 있다'는 메시지의 근거가 되는 부분이다.

더불어 '대응하고 있음' 중에서 '제어 소프트웨어를 사용한다'고 대답한 셀에는 점선을 둘렀다. 대응책 중에서 제어 소프트웨어의 이용률이 낮다는 점에 초점을 맞추고 미개척지대로서 잠재 니즈가 있다는 이야기로 연결시키기 위해서다.

4. 괘선

[Before]는 괘선이 너무 두꺼워 수치보다 선에 더 눈이 갔다. [After]에서는 괘선의 굵기를 모두 가늘게 했다. 또한 테두리선과 항목 구별에는 실선을 사용했지만 셀은 점선을 사용하여 구분했다.

5. 문자

항목을 굵게 하고 폰트를 크게 키워 보기 편하게 했다. 또한 [Before]에는 표의 제목이 없었지만, [After]에서는 제목을 달았다.

표 작성의 단계

지금까지 [Before]와 개선 후의 [After]를 비교하면서 표를 가공할 때의 포인트에 대하여 설명했다.

그 전까지는 엑셀에 떠오른 생각을 그대로 적어 그것을 오려붙이고 표 작성을 끝내는 경우가 대부분이었을 것이다. 이제부터라도 조금 의식적으로 표를 만들어보자. 분명히 자료 전체의 인상이 크게 달라진다.

[도표 33] 표를 작성하는 단계

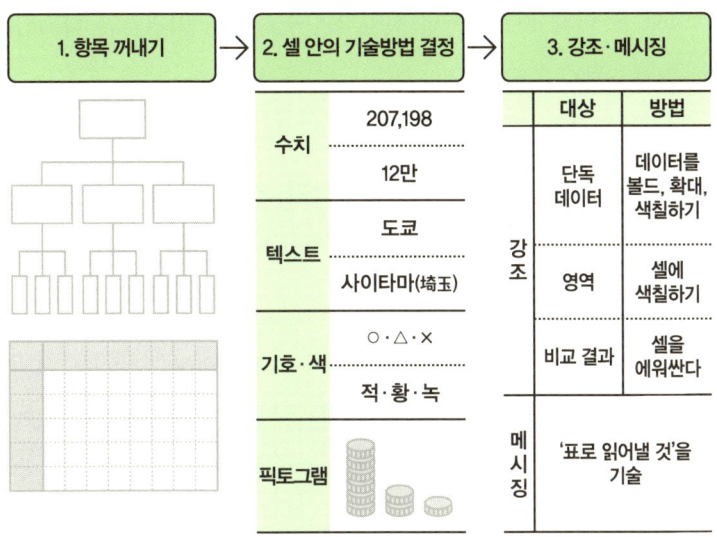

여기서 다시 표 만들기의 방법에 대해서 살펴보자('도표 33'). 지금까지 표 작성에 대하여 배운 내용을 단계를 밟아가며 확인해보겠다.

1. 항목 꺼내기

먼저 세로축이나 가로축이 되는 항목을 끄집어낸다. 특히 항목 수가 많은 경우는 '도표 34'처럼 평가사항, 평가항목을 논리적이고 체계적으로 구성하고, 거기서 항목을 끄집어내는 것부터 시작할 필요가 있다. 예시('도표 35')는 리서치에 사용하는 웹사이트를 평가하기 위한 항목을 표로 만든 예이다.

항목을 어떻게 끄집어낼 것인지는 이해하기 어렵기는 하지만, 매우 중요하다.

'도표 36'을 보자. 항목을 너무 조잡하게 꺼내면 항목 내에 긴 문장이 들어오거나 복수의 비교정보가 혼재하여 표가 난해진다. 이렇게 되지 않도록 하기 위해서는 정보를 인수분해하고, 공통항을 표의 항목으로서 끄집어낸다.

또한 너무 잘게 잘라도 평가항목의 레벨이나 순서가 제각각이 되어 메시지를 이해하기 어려워진다. 표는 전달하고 싶은 메시지를 보기 편하게 표현하는 것이 목적이기 때문에 가장 적합한 항목을 끄집어내는 방법을 생각해야 한다.

2. 셀 안의 기술방법 결정

다음은 셀 안의 기술방법을 결정한다. 수치로 나타낼 것인가, 텍스트로 할 것인가, 아니면 기호를 사용할 것인가, 혹은 픽토그램으로 표현할 것인가, 어느 것이 효과적일지를 판단한다.

3. 강조·메시징

'항목 꺼내기'와 '셀 안의 기술방법 결정'이 끝났다면 앞서 설명한 [Before]와 [After]에서 수정했듯이 테크닉으로 메시지에 힘을 실어줄 부분을 강조한다.

[도표 34] 항목 꺼내기 템플릿

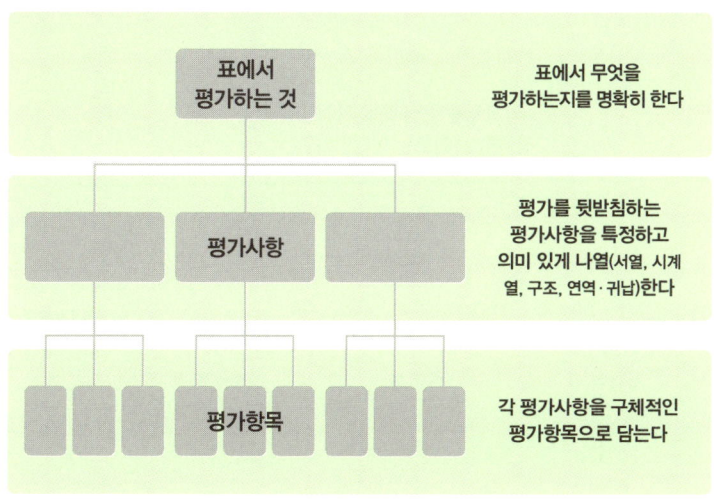

[도표 35] 항목 꺼내기 템플릿의 기입 사례

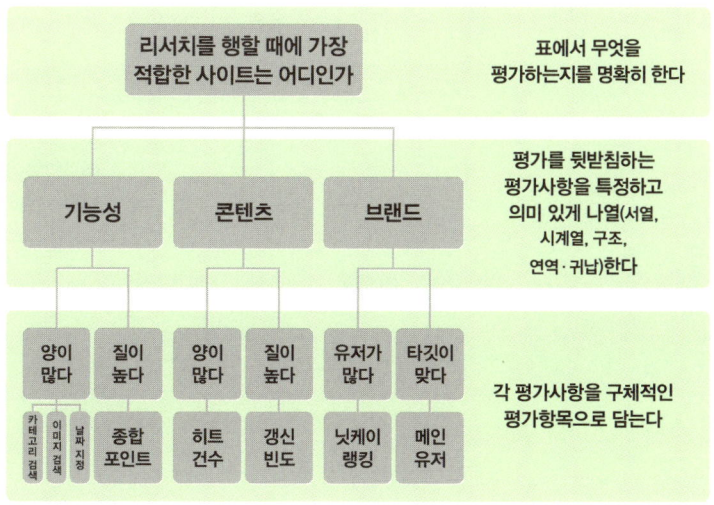

[도표 36] 항목 꺼내기의 나쁜 사례

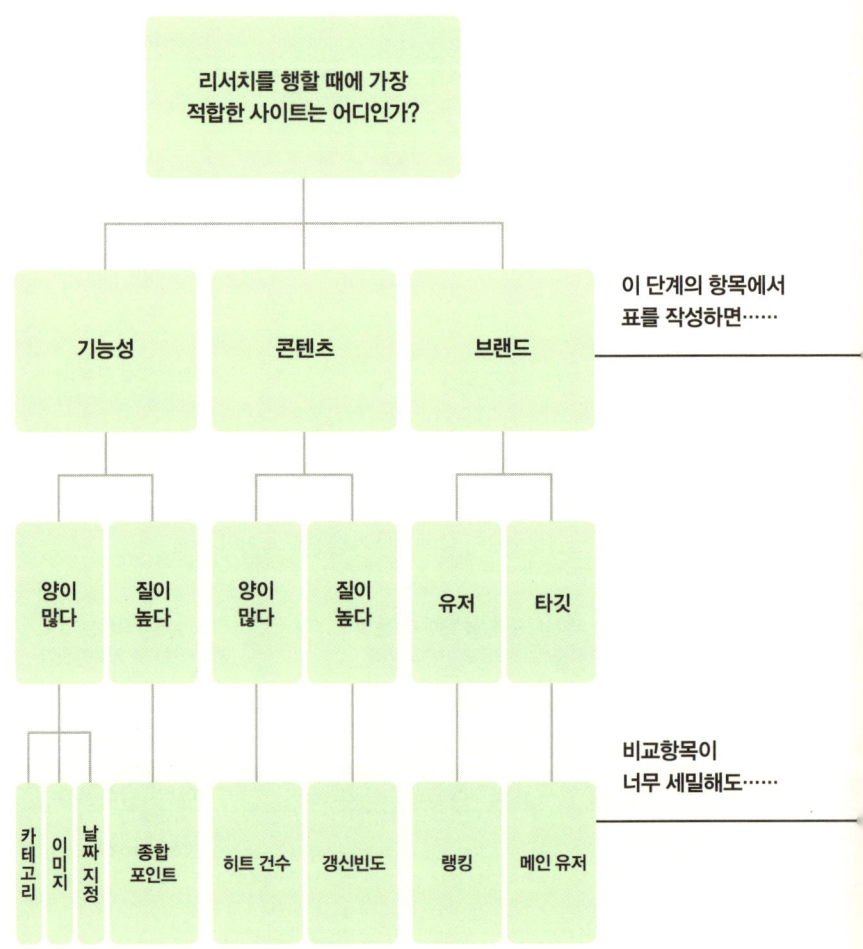

평가항목의 상세 레벨이 대략적이다

	기능성	콘텐츠	브랜드
A	기능의 질은 높지만 양은 적다	……	……
B	카테고리 검색이나 날짜 지정의 기능은 있지만 그 질이 매우 나쁘고, 그 이외의……	……	……

한 개의 셀에 복수의 평가정보가 혼재

평가항목의 레벨·순서가 일정하지 않다

	기능의 질 포인트	랭킹	메인 유저	콘텐츠
A	9pts	1위	비즈니스맨	히트 28건으로 갱신 2회 / 일
B	6pts	5위	학생	히트 25건으로 갱신 3회 / 일

비교는 가능하지만 메시지를 이해할 수 없다

[도표 37] 표의 작성 사례

리서치를 할 때는 기능성이 높고 비즈니스맨을 주요 유저로 하는 사이트 C가 적합하다.

[예] 검색사이트 평가표

평가 사항 사이트	기능성					콘텐츠		브랜드		종합 평가
	양				질	히트 건수	갱신 빈도	랭킹	메인 유저	
	카테고리 검색	이미지 검색	날짜 지정	...	종합 포인트					
A					8	28	2회/일	1	비즈니스맨	○
B					6	45	3회/일	5	학생	○
C					9	55	2회/일	2	비즈니스맨	◎
D					3	31	1회/일	10	프리터	△
E					1	44	2회/일	22	주부	×

■ 기능커버범위

이 과정을 거쳐 최종적으로 만들어진 예가 '도표 37'이다. 이 작성 사례처럼 일일이 읽지 않아도 한눈에 이해할 수 있는 정도가 되었다면 표 작성은 완벽하다고 말할 수 있다.

[도표 38] 표 가공의 체크리스트

기본 체크

		Good	Bad
기본 체크	제목	• 평가하는 것이 제목에 나타나 있다	• 무엇을 평가한 표인지 알 수 없다 • 제목이 표기되어 있지 않다
	괘선	• 테두리선은 실선, 셀 구분은 점선 • 색은 원칙적으로 회색 • 굵기는 원칙적으로 1pts	• 색이 짙고 굵기가 굵은 등 표의 내용보다 괘선이 눈에 띈다 • 괘선의 종류가 일정하지 않다
	항목명	• 일정한 서식 룰에 따른다 • 한마디로 간결하게 적혀 있다 • 항목명은 가운데 정렬	• 서식의 통일감이 부족하여 읽기 어렵다 • 읽지 않으면 무슨 항목인지 알 수 없다
	셀 표기	• 문자는 왼쪽 정렬, 숫자는 오른쪽 정렬, 평가는 가운데 정렬	• 셀에서 문자가 비어져 나와 있다 • 서식에 통일감이 없고 치밀하지 않다
	배치	• 적절한 균형·여백·시선의 흐름에 따라서 표기되어 있다	• 표가 너무 크고 제목이나 다른 오브젝트와 겹쳐 있다
	메인 체크	• 인쇄하거나 프로젝터로 투영하면 문자나 기호가 명료하게 보인다	• 인쇄하면 문자나 기호가 뭉개진다 • 프로젝터로 투영하면 문자나 기호가 작아서 읽을 수 없다

프로세스 체크

		Good	Bad
프로세스 체크	항목 꺼내기	• 평가사항, 평가항목이 체계적으로 짜여 있다 • 평가항목의 레벨이 적절하다	• 평가항목들을 봤을 때 평가 스토리가 보이지 않는다 • 평가사항에서 구체성을 띤 평가항목을 꺼내놓지 않았다
	셀 안의 기술방법 결정	• 평가항목에 가장 적합한 기술방법이다 • 평가정보의 중복이 생략되고, 하나의 셀에 하나의 평가정보가 단적으로 표기되어 있다	• 한눈에 항목 각각의 가부를 판단할 수 없다 • 하나의 셀에 복수의 평가정보가 포함되어 있다
	강조·메세징	• 목적에 맞게 강조법을 채택했다 • 최종적인 결과를 한눈에 알 수 있다	• 포인트가 아닌 곳에 시선이 머문다 • 내용을 읽지 않으면 결과를 알 수 없다

그래프를 가공한다

그래프의 개선 전과 후(Before&After)

이어서 그래프의 가공에 대해서 알아보자. 그래프도 표와 마찬가지로 엑셀로 작성한 것을 그대로 오려붙이고 끝내는 경우를 흔히 볼 수 있다.

여기서도 구체적인 사례를 통해 수정 전과 수정 후를 비교하여 살펴봄으로써 주의할 점과 개선 포인트를 짚어보자. '도표 39 [Before]'는 수정 전의 그래프, '도표 40 [After]'는 이를 개선한 것이다.

그래프도 메시지에 힘을 실어주는 요소라는 의식을 가지고 스케일이나 눈금선을 변경해서 간략화하여 보기 쉽게 하고 데이터의 차이를 두드러지게 만들어야 한다. 그렇다면 서둘러 흔히 볼 수 있는 이해하기 힘든 사례와 그 개선점을 살펴보기로 하자.

[도표 39] 그래프 '고령화의 경향' [Before]

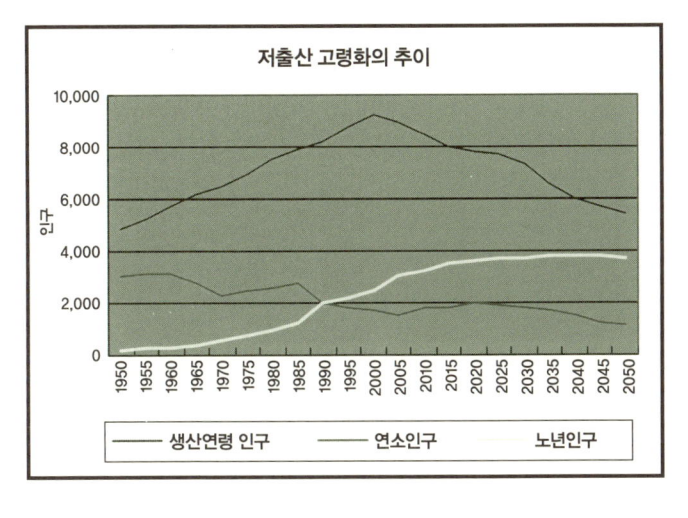

개선 포인트

[Before]에서 [After]로 개선할 때의 포인트는 다음과 같다.

1. 문자

먼저 문자가 너무 작으면 보기 불편하기 때문에 문자를 크게 키운다.

[도표 40] 그래프 '고령화의 경향' [After]

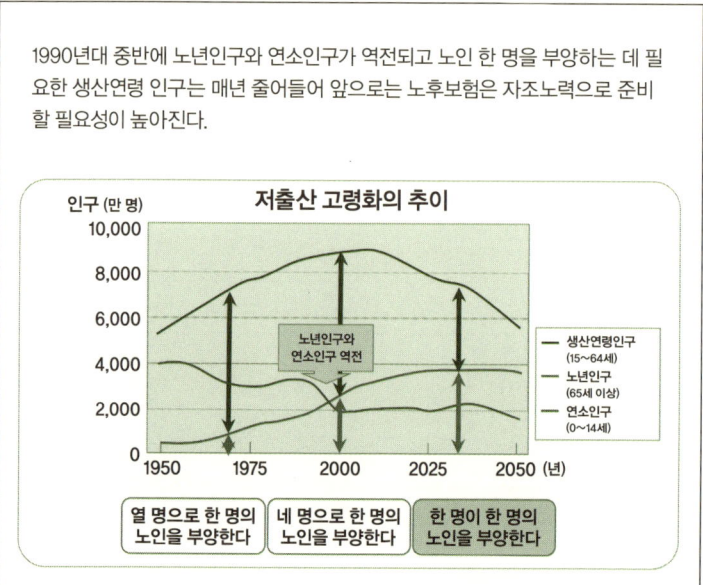

2. 단위

기본적인 실수인데 [Before]에는 단위가 누락되어 있다. [After]에서는 세로축과 가로축에 '만 명'과 '년'이라는 단위를 넣었다.

3. 문자 방향

[Before]에서는 세로축 '인구'의 문자 방향과 가로축 연도의 방향이 가로 방향으로 되어 있다. [After]에서는 세로로 고쳐서 보

기 편하게 했다. 기본적으로 세로축은 세로쓰기, 가로축은 가로쓰기를 한다.

4. 일러두기

[Before]에서는 일러두기가 그래프 아래에 있고, 이를 확인할 때마다 시점을 상하로 움직이지 않으면 안 된다. [After]에서는 시점의 흐름이 자연스럽고 보기 편하도록 가로축 옆에 배치했다.

또한 그래프데이터와 비교하기 쉽도록 일러두기도 위부터 그래프데이터의 요소 순으로 나란히 적었다.

5. 데이터

[Before]에서는 데이터 선이 너무 가늘다. [After]에서 보기 편하게 굵게 했다.

6. 눈금

[Before]에서는 가로축의 눈금을 5년으로 했지만, 너무 세밀하여 한눈에 들어오지 않아 [After]에서는 거칠게 25년으로 잡았다. 또한 그래프 내의 세로축의 눈금선은 데이터 선에 방해가 되지 않도록 실선에서 점선으로 바꿨다.

7. 강조

표의 경우와 마찬가지로 메시지와 관련성이 높은 부분은 강조해준다.

'1990년 중반에 노년인구와 연소인구가 역전됐다'라는 메시지에 맞게 노년인구와 연소인구의 교차점을 두드러지게 표시했다. 또한 '노인 한 명을 부양하기 위해 필요한 생산연령 인구의 비율이 해마다 줄어든다'는 부분의 근거를 알기 쉽게 보여주기 위해 그래프의 1970년, 2000년, 2030년 세 곳에 양방향의 화살표를 넣어 각각의 연도에 노인 한 명을 몇 명의 생산연령 인구가 부양하고 있는지 간단히 비교하고 이해하기 쉽게 평가의 말도 넣었다.

지금까지 [Before]와 [After]를 비교하면서 그래프의 가공 테크닉에 대하여 설명했다.

기본적으로는 중요한 정보를 눈에 띄게 하기 위해 쓸데없는 정보는 삭제하고 메시지에 힘을 보태는 부분은 강조하면 된다. 그럼으로써 한눈에 무엇을 말하고자 하는지 간단히 이해되도록 만드는 것이 포인트다.

원그래프를 작성할 때의 주의점

그래프 중에서도 특히 원그래프는 사용할 때 주의가 필요하다. 주의해야 하는 포인트로는 세 가지가 있는데 하나하나 살펴보자.

1. 무엇이든 원그래프로 표현해서는 안 된다

그래프의 가공 테크닉 이전에 짚고 넘어가자면, 사람에 따라서는 어떤 정보든 늘 자신이 익숙하게 사용해온 그래프로만 표현하는 경우가 있다. 그러나 그래프도 적재적소에서 사용하지 않으면 그 효과를 기대할 수 없다. 실제로 있었던 일인데, 사업의 연도추이를 나타내고자 하는 자료에 각 연도마다 원그래프로 데이터를 나타낸 사례를 본 적이 있다. 연도추이를 나타낼 때는 일반적으로 원그래프보다 막대그래프를 사용하여 그 차이를 쉽게 비교할 수 있도록 표현하는 것이 이해가 빠르다.

2. 공굴리기 서커스 같은 원그래프

항목이 많으면 원그래프는 알록달록 온갖 색들로 화려해진다. 마치 서커스의 공굴리기 기예처럼 눈이 빙글빙글 돌아갈 것 같은 원그래프가 되어버린다. 이런 경우에는 항목을 몇 개로 묶어 큰 항목을 바깥에 표기하거나, 큰 항목마다 색을 그러데이션으로 사용하거나 시선이 머물지 않아도 되는 비교 항목을 회색으로 하는 등의 기법을 적용하지 않으면 무엇을 비교하고 있는 것인지 이해하기 어렵다.

3. 3D 원그래프

최근에는 3D(입체) 그래프도 드물지 않은데, 3D 원그래프는 사용할 때 주의를 기울여야 한다. 원그래프는 시각적으로 면적의 대소를 통해 내역을 비교하는 것인데 입체화하면 정확한 면적이 보이지 않는 경우가 있기 때문이다. 특히 면적이 좁은 항목이 많은 경우에는 알아보기가 어려워서 적합하지 않다.

아무 이유 없이 3D가 멋있어 보인다는 이유 하나만으로 사용하는 것은 피하는 것이 좋다. 의미 없는 3D가 보고서에 여러 개 등장하면 역으로 아마추어로 여겨질 위험성이 있다.

4. 그래프 템플릿

'도표 41'은 그래프를 작성할 때의 체크리스트이다. 상대를 분명하게 이해시킬 수 있는 그래프인지 스스로 점검해보자.

또한 전하고자 하는 바를 분명히 전달하려면 어떤 그래프를 선택해야 하는지 의식할 필요가 있다. '도표 42'에 비즈니스에서 자주 사용되는 그래프의 템플릿을 게재했으니 참고하기 바란다.

[도표 41] 그래프의 체크리스트

기본 체크

		Good	Bad
기본 체크	제목	• 평가하는 것을 제목으로 나타내고 있다	• 무엇을 나타낸 그래프인지 모른다 • 제목이 표기되어 있지 않다
	항목 표기	• 같은 표기 레벨로 되어 있다 • 세로축은 세로쓰기, 가로축은 가로쓰기 • 읽기 쉬운 크기, 굵기, 농도로 표기되어 있다	• 글자 방향이 맞지 않다 • 문자가 그래프 데이터와 겹쳐져 있다 • 멀리서는 읽을 수 없다(크기·굵기·농도)
	눈금	• 그래프의 기점이 0으로 되어 있다 • 적절한 간격으로 설정되어 있다	• 눈금이 없고 수치를 읽을 수 없다 • 간격이 너무 좁아 데이터를 읽을 수 없다
	일러두기	• 데이터의 요소 순으로 배치되어 있고, 데이터와 같이 보기 쉽다	• 그래프 데이터에서 떨어져 있어 읽기 어렵다 • 그래프 안의 일러두기가 데이터와 겹쳐 있다
	단위	• 해당 데이터의 단위가 축의 옆에 표기 되어 있다	• 단위가 표기되어 있지 않고 수치를 읽을 수 없다
	미디어 체크	• 인쇄하거나 프로젝터로 투영하면 문자나 기호가 명료히 보인다	• 인쇄하면 문자나 기호가 뭉개진다 • 프로젝터로 투영하면 문자나 기호가 작아 읽을 수 없다

프로세스 체크

		Good	Bad
프로세스 체크	대상 선정	• 그래프로 무엇을 표현하고 싶은지 한마디로 말할 수 있다	• 그래프에서 표현하는 대상이 명확하지 않다
	수치 선정	• 차이를 가장 효과적으로 표현하는 수치로 선정되어 있다	• 대상을 표현하는 수치가 명확하지 않다
	그래프 목적 결정	• 그래프로 표현하고 싶은 목적(내역, 비교……)을 말할 수 있다	• 표현하는 목적이 명확하지 않다
	그래프 타입 결정	• 목적(내역, 비교……)에 맞게 그래프를 사용하고 있다	• 목적에 관계없이 익숙한 그래프 타입을 늘 똑같이 사용하고 있다
	작성	• 목적에 맞춰 축 방향이나 항목 수, 표기를 가공했다 • 사실과 메시지를 한눈에 알 수 있다	• 엑셀의 기본 그래프를 가공하지 않고 그대로 사용하고 있다 • 사실과 메시지를 한눈에 알 수 없다

[도표 42] 그래프의 템플릿

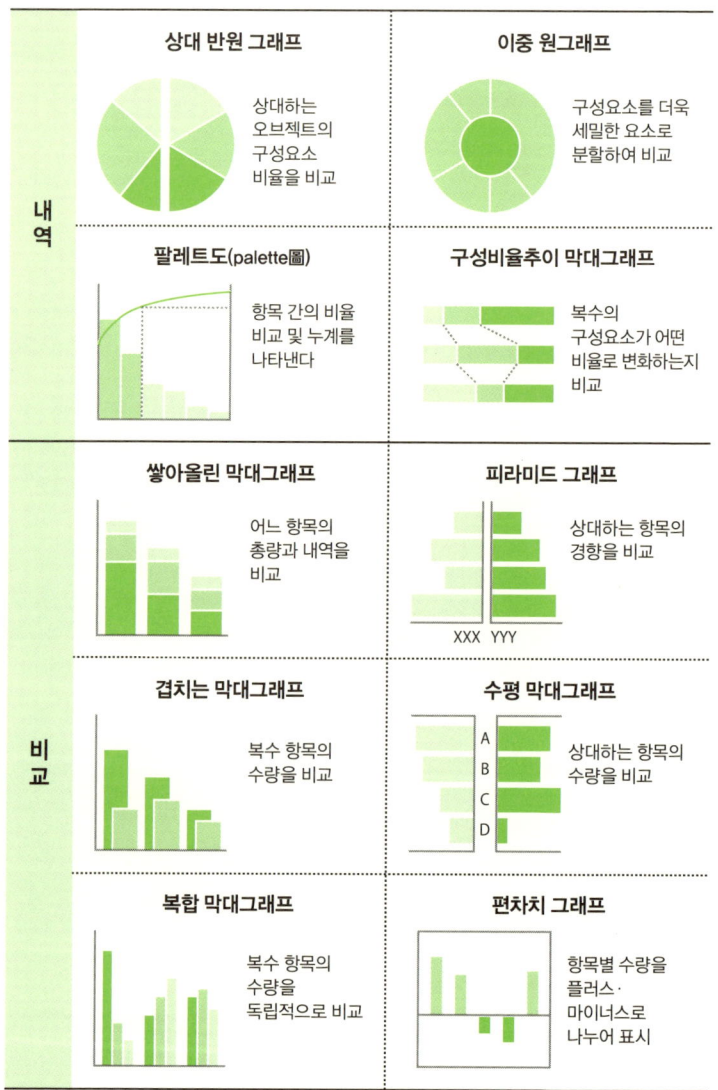

03 Step 5 시각화
차트를 가공한다

비즈니스 문서에서 차트란 무엇인가?

표, 그래프에 이어 살펴볼 것은 차트다. 우선 차트에 대하여 정의해보자. 차트란 콘셉트의 요소를 추출하여 관계성을 표현한 것이다.

먼저 콘셉트의 요소를 추출한 것이기 때문에 단순한 일러스트나 무의미한 도형은 차트에 해당되지 않는다.

또한 요소를 추출했어도 '관계성을 표현한 것'이 아니면 차트라 할 수 없다. 세 가지 요소를 포착하여 항목으로 표현했다 해도 그것을 단순히 늘어놓기만 했다면 차트라고 말할 수 없다.

그 세 요소를 예컨대 삼각형 모형으로 계층으로 표현하거나 혹은 왼쪽에서 오른쪽으로 나란히 놓고 화살표로 순서를 나타내거나 어떤 관계성을 표현했다면 그것은 차트에 해당한다.

차트에는 기본 차트와 오리지널 차트 두 가지 종류가 있다. 기본 차트란 일반적으로 비즈니스에서 사용되는 범용성이 높은 차트다. 한편 오리지널 차트란 독자적인 개념을 나타내는 창조적인 차트다. 기본 차트는 이미 비즈니스 현장에서 합의되어 일반적으로 사용되는 것이고, 오리지널 차트는 특유의 상황을 설명하거나 새로운 아이디어나 콘셉트를 스스로 표현하는 등 고유의 목적을 위해 제로에서부터 새롭게 만들어가는 것이다.

차트는 직감적으로 이해하기 쉬운 시각적인 표현이기 때문에, 좋은 차트는 단박에 상대를 이해시키고 기억에도 오랫동안 남는다. 정보를 적절히 차트로 만들 수 있는 능력은 다양한 상황에서 활용되기 때문에 확실히 자신의 것으로 만들자.

[도표 43] 차트

```
┌─────────────┐
│   차트란?   │
└─────────────┘
콘셉트의 요소를 추출하여
  관계성을 표현한 것

┌─────────────┐
│  차트의 종류 │
└─────────────┘
```

기본 차트	오리지널 차트
일반적으로 사용할 수 있는 범용성이 높은 차트	독자의 개념을 나타내는 창조적인 차트

[도표 44] 기본 차트

		차트 타입			
상관	집합	병렬		포함	
	인과	수렴		원인	
	위치	매트릭스			
유동	전개	성장		발전	
	수순	프로세스		흐름도	
	순환	사이클		반복	
구조	계층	조직도		피라미드	

		범용례
중복		• 제휴관계 차트 • 사업전개 차트 • 구성요소 분해 차트
		• 영향 구분 • 문제점 특정 차트 • 특성요인 차트
		• 상품 브랜드 맵핑 • 시장점유율 분석도
		• To-Be모델 • 업무변혁 단계 • 비즈니스 확대도
갠트 차트		• 제조 프로세스 • 업무 흐름도 • 일정 계획
		• 가치사슬 • 시스템 프로세스 맵
레이어		• 프로젝트 체제도 • 능력 계층 개념도 • 사내 인프라 개념도

기본 차트의 템플릿

자, 먼저 기본 차트의 작성법부터 살펴보자. '도표 44'는 기본 차트의 템플릿이다. 이것은 내가 비즈니스에서 일반적으로 사용하고 있는 기본적인 것에 컨설턴트가 자주 사용하는 것을 더하여 편집한 것이다.

먼저 이 열여섯 개의 기본 차트를 기억해두는 것이 좋다.

차트가 표현하는 것은 크게 요소 간의 상관, 유동, 구조라는 세 가지 관계성으로 구분된다. 그리고 상관은 집합을 나타내는 것, 인과를 나타나는 것, 위치를 나타내는 것으로 나눌 수 있다. 나아가, 집합에는 병렬을 나타내는 것, 포함을 나타내는 것, 중복을 나타내는 것이 있고, 인과에는 수렴을 나타내는 것, 원인을 가시화하기 위한 것 등 각각 적합한 관계성을 나타내는 차트가 따로 있다.

예를 들어 다양한 상품의 브랜드를 맵핑하는 경우라면 매트릭스를 이용하는 것이 좋다. 또한 상품과 서비스를 제공하는 업무의 흐름을 나타낼 때는 프로세스를 이용한다. 이렇게 어느 정도 '형태'로 정해진 것이 있다. 자주 사용하여 패턴으로 굳어진 것이 있다면 기본 차트로 표현하는 것이 상대의 이해를 얻는 데 도움이 된다.

기본 차트 작성법

기본 차트의 작성절차는 ①무엇을 차트로 표현하고 싶은지 대

[도표 45] 기본 차트의 작성법

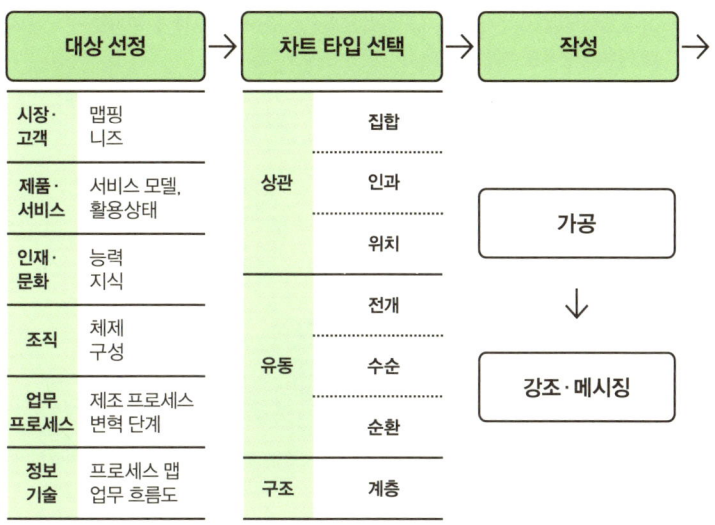

상을 선정한다, ②차트의 타입을 선택한다, ③작성한다, 이 3단계를 거친다('도표 45').

어떤 대상의 어떤 요소를 차트로 만들고 싶은지 결정했다면 우선 '도표 44'의 기본 차트 안에서 기본으로 사용할 수 있는 것이 있는지를 찾아보는 것이 좋다. '도표 46'은 기본 차트를 사용하여 실제로 만든 차트의 예이다.

[도표 46] 기초 차트의 작성 사례 '현황분석의 종류'

- 이 프로젝트에서는 3C(Customer, Competitor, Company)의 시점을 근거로 네 종류의 현황분석을 실시했다.

	이용자 분석	경합 사이트 분석
외부	Customer (이용자)	Competitor (경합 타사)
내부	Company (자사)	
	자사 유저 분석	자사 사이트 분석

기본 차트의 작성 사례 '업무의 흐름'

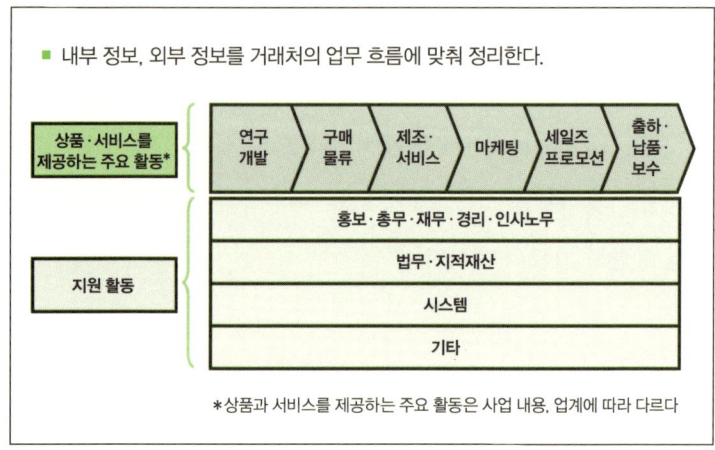

- 내부 정보, 외부 정보를 거래처의 업무 흐름에 맞춰 정리한다.

*상품과 서비스를 제공하는 주요 활동은 사업 내용, 업계에 따라 다르다

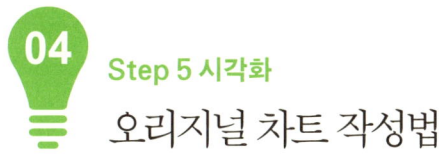

Step 5 시각화
오리지널 차트 작성법

작성 단계 ① 체계화

자신이 표현하고 싶은 관계성이 기본 차트에 없는 경우, 혹은 기본 차트의 존재 여부를 모를 때에는 오리지널 차트를 작성한다. 작성 절차는 기본적으로는 '도표 47'처럼 4단계를 거친다.

먼저, 제1단계 체계화에서는 '메인 메시지는 무엇인가?', '서브 메시지는 무엇인가?', '주요 키워드는 무엇인가?' 등이 명확해지도록 정보를 체계화한다. 구체적으로는 '도표 48', '도표 49'처럼 로직트리로 체계화한다.

작성 단계 ② 표현요소의 추출·정의

체계화한 메시지를 그대로 사용하여 차트를 작성하면 장방형 안에 장문이 들어가거나 수순의 설명이 문장으로 표현되어 차트를 보기 힘들다. 그래서 가급적 간결하고 보기 쉽게 표현하기 위해 두 번째 단계인 '표현요소의 추출·정의'를 행한다.

먼저 '키워드화'라 불리는 단계인데, 메인 메시지, 서브 메시지와 더불어 키워드를 추출한다. 또한 '유추화'라 하여 필요에 따라서 키워드를 유사한 특징을 가진 다른 말로 정의한다. 쉽게 말해, 비유를 생각하는 것이다('도표 50').

이 부분은 개인의 감각이 요구되는 부분이기도 한데, '그 메시지를 표현하기 위한 딱 맞는 키워드는 무엇인가? 무엇에 비유하면 보다 쉽게 이해시킬 수 있을까?'에 대해 생각하고 가급적 간결하고 쉬운 표현요소를 추출·정의한다.

[도표 47] 오리지널 차트의 작성 단계

체계화	→	표현요소의 추출·정의	→	관계성	→	작성
슬라이드의 메시지를 로직트리로 체계화한다		메시지를 근거로 키워드나 유추를 표현요소로서 추출·정의한다		키워드 및 유추의 관계성을 설정한다		도형이나 화살표로 차트를 가공하고 메시지를 강조한다

키워드

유추

가공
↓
강조·메시징

[도표 48] 작성 단계 ① 체계화

슬라이드의 메인 메시지, 서브 메시지를 로직트리로 체계화한다

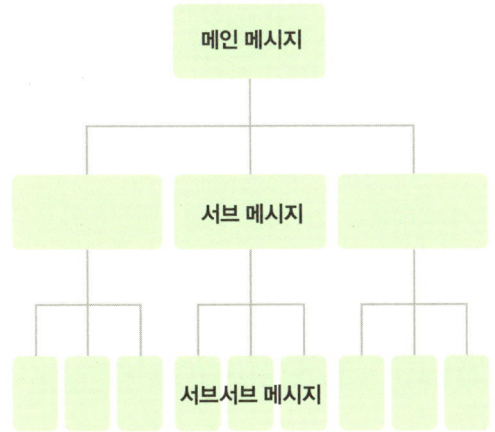

[도표 49] 체계화의 사례

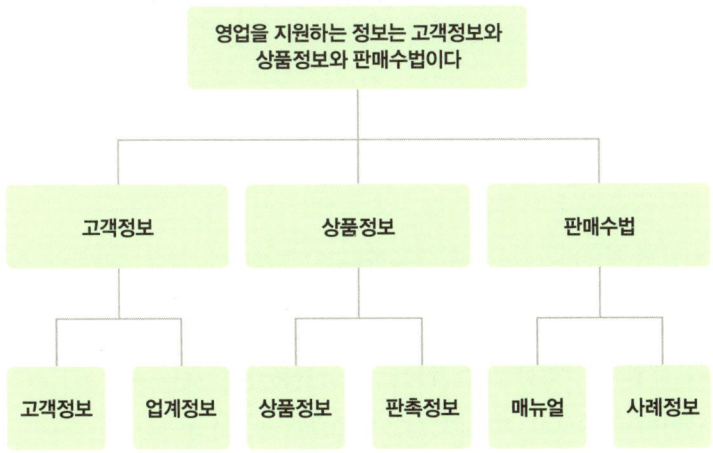

작성 단계 ③ 관계성 설정

키워드나 유추로 표현했다면 세 번째 단계인 '관계성 설정'을 행한다. 예컨대 키워드의 수준은 모두 같은가, 아니면 어떤 서열이 존재하는가, 시계열에서는 어떠한가, 이처럼 여러 각도에서 관계성을 생각하는 것이다.

관계성을 생각할 때에는 유닛을 의식해야 한다. 유닛이란 '의미 있는 덩어리'를 가리킨다. 이 유닛이 몇 개인가, 이 유닛의 패턴을 끄집어낸다. 유닛을 끄집어내는 작업이 곧 구조화이다. 계층화 부분에서 이야기했지만, 무엇보다 전체적인 통일감이 중요하기 때문에 소위 매직넘버도 고려할 필요가 있다.

'도표 51' 왼쪽에 대표적인 유닛의 네 가지 패턴을 들어보았다.

전형적인 유닛은 두 개에서 네 개다. 두 개의 유닛은 주로 병렬·균등, 대립·비교, 양자택일을 나타낸다. 세 개는 조화나 삼각관계, 삼단논법을 나타낸다. 네 개는 균형·균등, 분열, 기승전결을 나타낸다.

다섯 개 이상이 되면 이해하기 조금 어려워지지만, 예컨대 다섯 개의 A나 일곱 개의 S라는 식으로 어느 사항의 고유 요소를 오리지널로 정의하는 경우에 사용한다. 이 경우에도 일곱 개까지를 한계로 하는 것이 좋다. 여덟 개 이상이 되면 한눈에 이해하기 어렵기 때문에 다시 한 번 분류하여 대분류로 묶는 것이 좋다.

이렇게 유닛의 패턴을 끄집어냈다면 관계성의 패턴으로 어느

[도표 50] 작성 단계② 표현요소의 추출·정의

1. **키워드화**
   메인 및 서브 메시지와 함께 강조할 키워드를 표현요소로서 추출한다

2. **유추화**
   필요에 따라서 키워드를 유사한 특징을 가진 다른 말로 정의한다

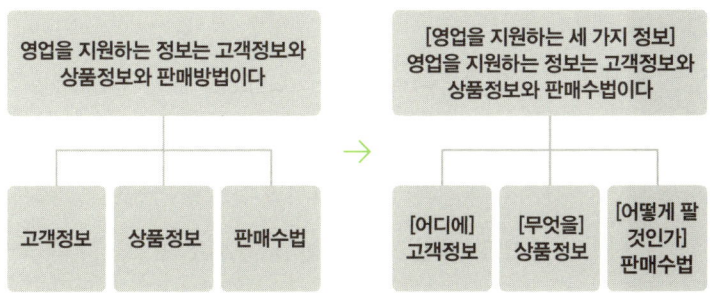

[도표 51] 작성 단계③ 관계성 설정

키워드 및 유추의 구조를 유닛(의미가 있는 덩어리)과 그 관계성을 이용하여 설정한다

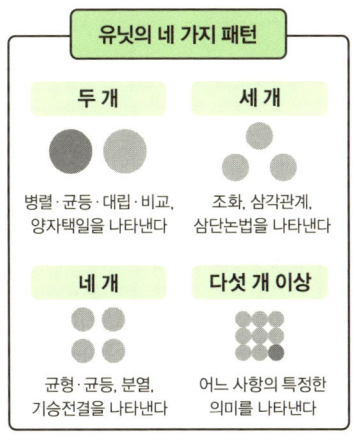

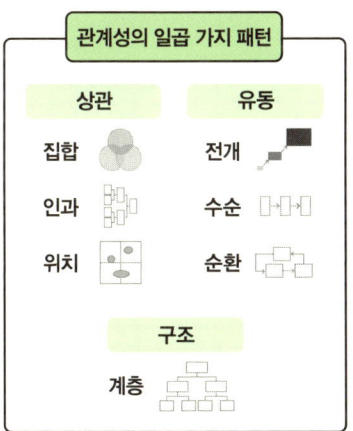

것을 사용하면 좋은지를 생각한다.

'도표 51' 오른쪽에 관계성의 일곱 가지 패턴을 들었다. 관계성의 패턴도 대분류는 상관, 유동, 구조로 나눠진다. 그것을 이해했다면 더 나아가 집합이 적절한지, 인과인지, 위치인지 그 관계에 대하여 생각한다.

이 단계에서 기본 차트를 사용할 수 있다면 기본 차트를 사용하는 것이 좋다. 만일 기본 차트로는 전부 표현하기 어렵다고 판단된다면 다시금 관계성을 정의하고 오리지널 차트를 만든다.

여기까지는 손으로 직접 그려야 한다. 파워포인트를 사용하면 원으로 할지, 타원으로 할지, 본질과는 무관한 부분에 매달리기 쉽기 때문에 일단은 노트나 종이 위에 다양한 것을 적어보는 것이 좋다.

'도표 52'를 보자. 두 개의 유닛으로 'As-Is(현황)·To-Be(있어야 할 것)', '외부분석·내부분석', '가설·검증', '자유·통제'의 네 종류를 들었는데, 두 개 유닛의 관계성을 어떻게 도식화할 수 있을까? 마찬가지로, '도표 53'의 세 개의 유닛, '도표 58'의 네 개 이상의 유닛은 어떤가? 여기에 정답이란 없다. 얼마만큼의 가치를 창출할 수 있는지가 포인트이다.

표현 방법이 한 종류밖에 떠오르지 않는다면 늘 그 패턴만 사용하게 된다. 상황에 따라 사용할 수 있는 패턴을 여러 개 다양하게 익혀두는 것이 좋다. 이 능력은 훈련과 경험을 통해 향상시킬

[도표 52] 관계성 설정 [두 개의 유닛]

- As-Is
- To-Be

- 가설
- 검증

- 외부분석
- 내부분석

- 자유
- 통제

[도표 53] 관계성 설정 [세 개의 유닛]

- 매출
- 비용
- 이익

- 입하
- 재고
- 출하

- SCM
- CRM
- HCS

[도표 54] 관계성 설정 [두 개의 유닛] 예 1

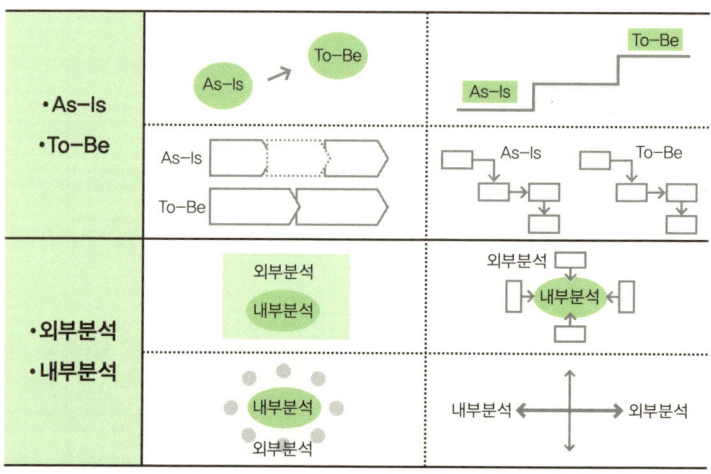

[도표 55] 관계성 설정 [두 개의 유닛] 예 2

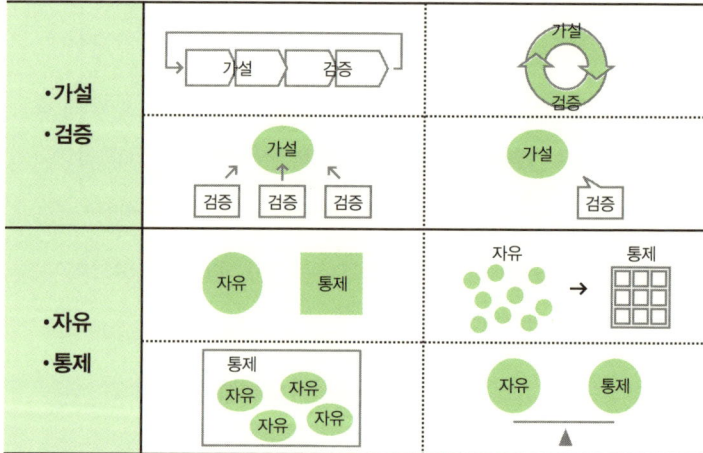

[도표 56] 관계성 설정 [세 개의 유닛] 예 1

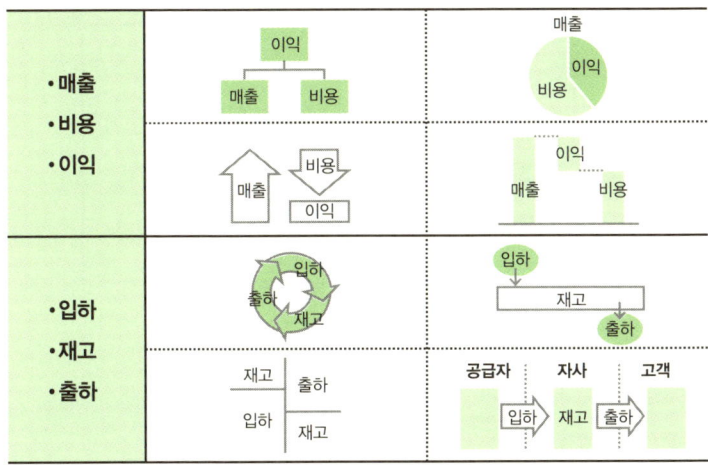

[도표 57] 관계성 설정 [세 개의 유닛] 예 2

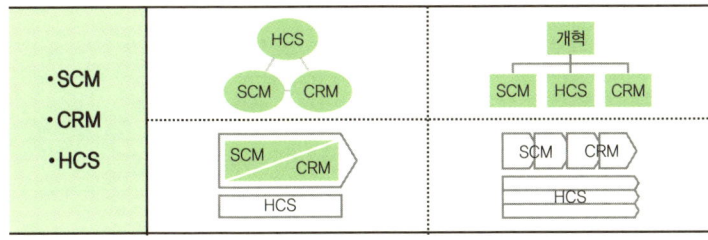

[도표 58] 관계성 설정 [네 개 이상의 유닛]

- Plan
- Do
- See
- Management

- Price
- Place
- Product
- Promotion
- Customer

[도표 59] 관계성 설정 [네 개의 유닛] 예

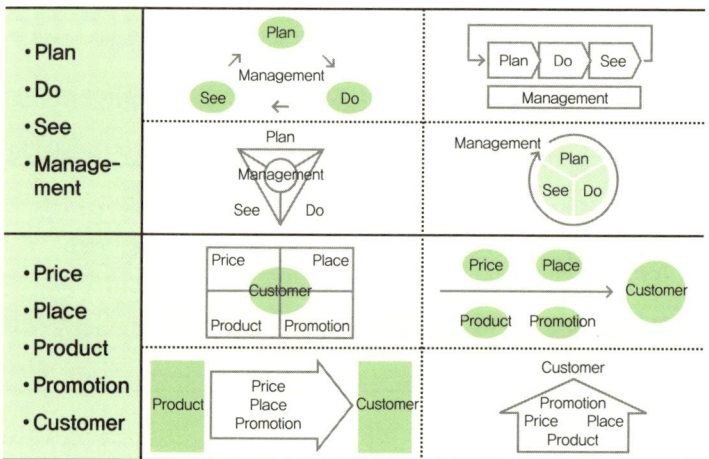

[도표 60] 차트 템플릿 [두 개의 유닛]

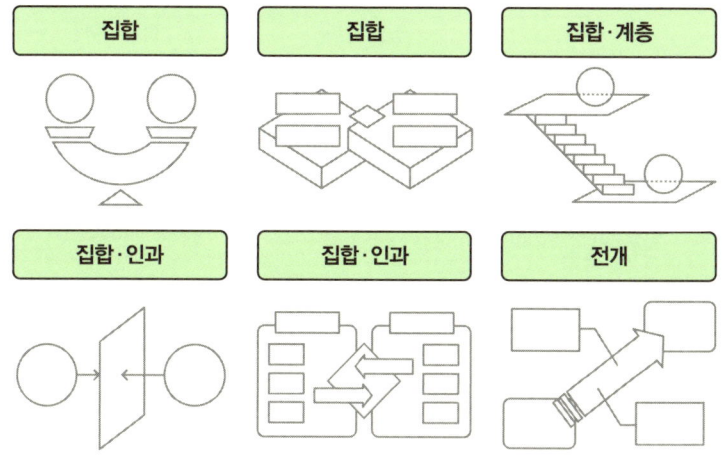

[도표 61] 작성 사례 [두 개의 유닛]

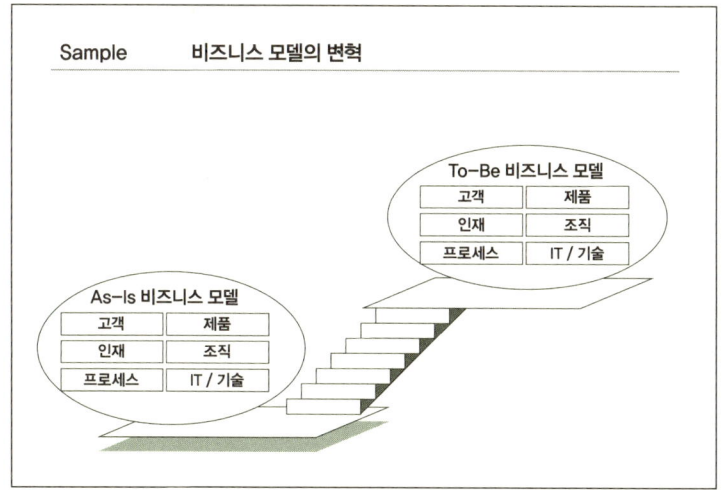

[도표 62] 차트 템플릿 [세 개의 유닛]

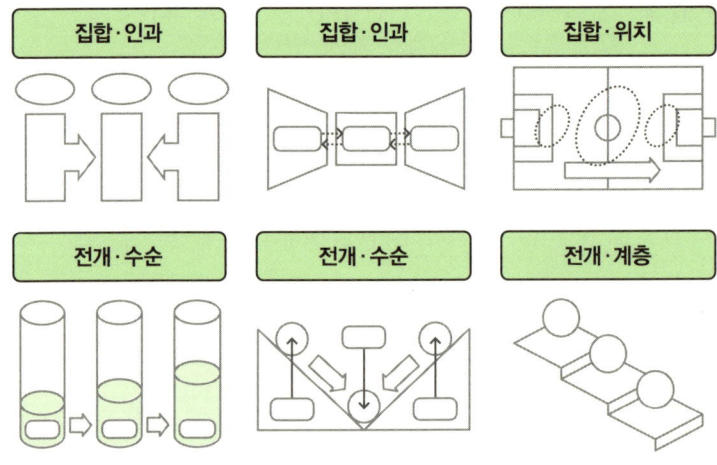

[도표 63] 작성 사례 [세 개의 유닛]

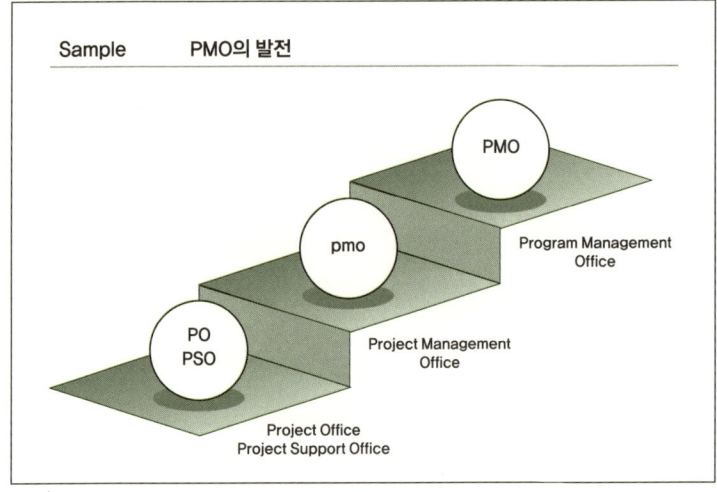

[도표 64] 차트 템플릿 [네 개의 유닛]

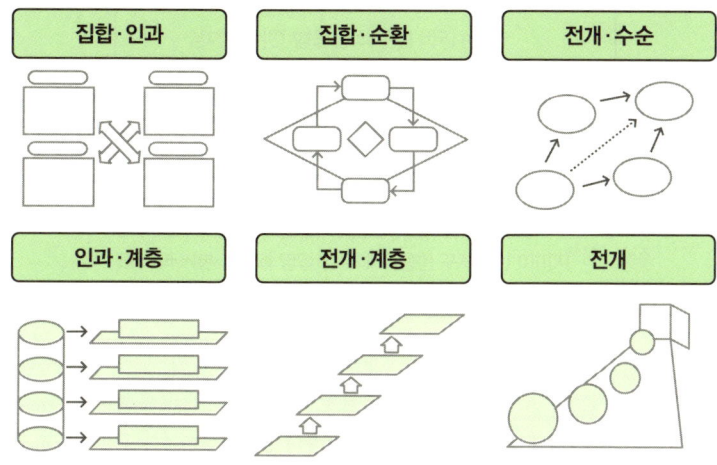

[도표 65] 작성 사례 [네 개의 유닛]

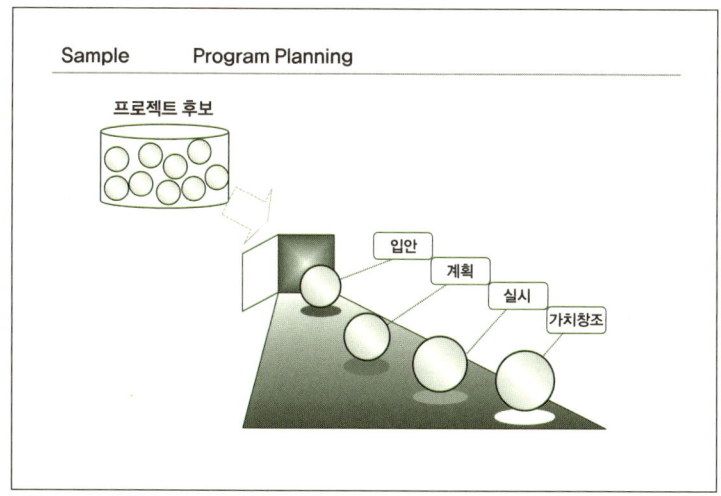

[도표 66] 차트 템플릿 [다섯 개 이상의 유닛]

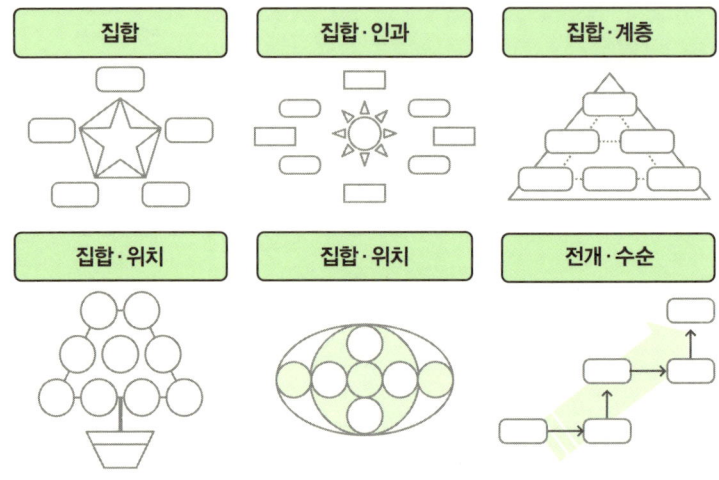

[도표 67] 작성 사례 [다섯 개 이상의 유닛]

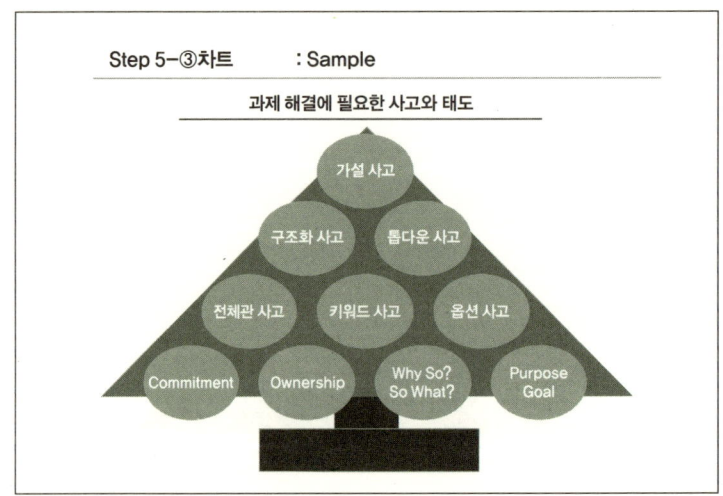

수 있다.

'도표 54~57', '도표 59'는 관계성의 예이다. 관계성의 표현 패턴에는 여러 가지 방법이 있다는 것을 예를 통해서도 알 수 있다.

'도표 60~67'에는 오리지널 차트 작성에 활용할 수 있는 차트 템플릿과 그 작성 사례를 게재했는데 활용해보자.

체계화, 표현요소 추출·정의의 연습

그렇다면 여기서 실제로 오리저널 차트를 만드는 흐름을 살펴보자. 우선 '도표 49'를 보자.

오리지널 차트의 작성에는 4단계가 있다고 말했는데, '도표 49'는 '영업을 지원하는 정보'라는 주제에 대하여 첫 번째 단계인 '체계화'를 끝내고 이른바 로지컬 씽킹으로 정보를 트리 구조로 나타낸 것이다. '도표 49'에서는 '영업을 지원하는 정보'에 고객, 상품, 판매라는 세 가지 루트가 있고, 각각 그 아래의 계층에 두 개씩 상세한 정보가 있다는 것까지 정리했다.

'도표 50'의 왼쪽 도표는 '도표 49'의 메인 메시지와 서브 메시지에 해당하는 부분의 키워드를 도출하는 단계다. 이대로는 정보의 이름 그대로이기 때문에 먼저 유추로 비슷한 특징을 가진 다른 단어로 바꿀 수 있는지 생각해보자.

생각해보면 '고객정보'나 '상품정보', '판매수법'은 "'어디에' '무엇을' '어떻게' 파는가'를 위한 정보라는 것을 알 수 있다. 그러므로 그 단어로 바꾸면 상대도 즉시 이해할 수 있고 기억하기도 쉽다.

'도표 50'의 오른쪽 도표는 메인 메시지인 '영업을 지원하는 중요한 정보는 세 가지이다'를 강조하면서 유추를 통해 수정한 단계다.

다음에 '어디에', '무엇을', '어떻게' 팔 것인가에 대하여 관계성을 설정하고 차트에 어떻게 나타낼 것인지를 생각한다.

먼저 요소가 세 가지이기 때문에 유닛의 패턴은 '세 가지 유닛'이다. 그렇다면 관계성의 패턴은 어떨까? 상관관계일까, 인과관계일까, 수순일까, 그것도 아니라면 패턴의 조합일까? 이런 점을 염두에 두면서 도표를 그려본다.

여기서는 단순히 '고객(어디에)에게, 상품(무엇을)을, 어떻게'에 대하여 생각하고 '도표 68' 같은 위치관계로 나타내보았다. '어디에', '무엇을', '어떻게'라는 세 가지 정보를 어떻게 배치하는가는 전하고자 하는 메시지에 따라서도 달라진다.

이번 예에서는 고객을 최우선으로 생각하고, 고객이 기점이라는 것을 주장하기 위해 '어디에'를 출발점으로 정하고 왼쪽에 배치해보았다. 상품을 프로덕트 아웃(Product Out, 기업이 자사의 판매·생산 계획을 근간으로 시장에 제품이나 서비스를 투입하는 것-옮긴이) 방식으로 판매한다면 당연히 '무엇을'이 출발점이 될 것이다.

고객을 생각하면 그 고객에게 무엇을 제안하면 좋은지로 이어지기 때문에, 다음에 '무엇을(상품)', 나아가 그 상품을 '어떻게' 효

[도표 68] 관계성 설정

키워드 및 유추의 구조를 유닛(의미를 갖는 덩어리)과
그 관계성을 이용하여 설정한다

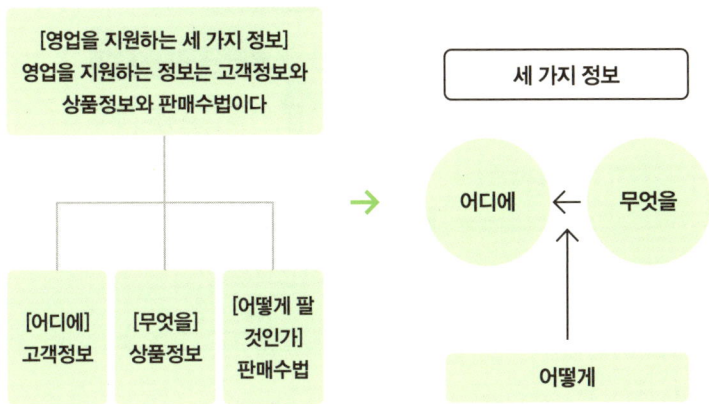

과적으로 제안하면 좋은가로 이어지고 그 결과로 그려본 도표가 '도표 68'이다. 여기까지는 종이에 직접 손으로 이미지를 여러 가지로 그려보면 좋다.

그리고 이런 이미지 도표를 기초로 하여 오리지널 차트를 만든다. 구체적인 설명은 뒤에서 자세히 하겠지만, 각각의 표현요소를 나타낸 도형 중 어느 것을 사용하면 좋은가, 화살표는 어느 것을 사용하는가, 색을 어떻게 할 것인가를 검토하고 키워드나 메시지를 더해 완성해간다.

차트로서 최종적으로 완성시킨 것이 '도표 69'이다. 이 도표는

[도표 69] 오리지널 차트의 작성 사례 [영업을 지원하는 세 가지 정보]

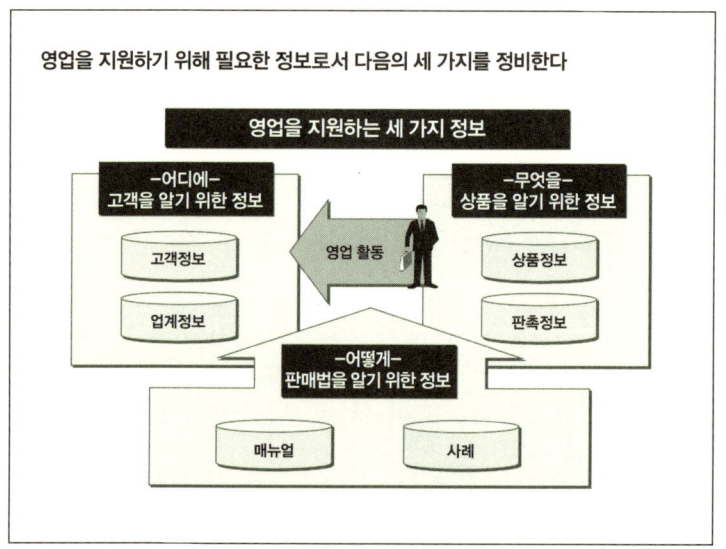

다음과 같은 내용을 담고 있다.

영업 지원을 위해서는 '어디에', '무엇을', '어떻게'의 세 가지 정보가 필요하다는 것. 그중에서도 고객의 정보가 가장 중요하고, 그 내역에는 고객정보와 업계정보가 있다는 것. '무엇을(파는가)'이라는 부분에서 영업자는 상품을 팔기 위한 '상품정보'와 '판촉정보'를 알아야만 한다는 것. '어떻게(팔 것인가)'라는 툴로서 '판매 매뉴얼'과 이렇게 팔았다는 '사례'가 필요하다는 것.

'도표 69'는 이상과 같은 내용을 한눈에 간단히 이해할 수 있고 기억에 남는 이미지로 전하고 있다.

도형의 사용법

오리지널 차트 작성의 마지막 단계인 제4단계에서 드디어 '작성'을 하게 되는데, 표현요소의 내용에 따라서 '도표 70'과 같은 룰에 따라 도형을 선택하면 된다.

예컨대 '프로세스'라고 하는 구체성이 높은 개념이나 '회사'처럼 실존하는 조직은 통상 직방형으로 나타낸다.

'콘셉트' 같은 구체성이 낮은 개념이나 '고객'이나 '시장'처럼 개념적인 집단의 경우는 장방형보다 타원형을 선택한다.

삼각형은 상하관계나 계층구조가 있는 것에 자주 이용된다. 컨설턴트의 경우에는 삼각형을 마일스톤(프로젝트의 주요 체크포인트)으로 자주 사용하고 있다.

또한 원통형은 인프라나 토대, 기반, 데이터베이스에, 박스 화살표는 프로세스에 자주 사용한다.

예컨대 똑같이 '고객'을 나타내는 경우일지라도 개념으로서의 고객을 나타낼 때는 단순히 타원형을 이용하는데, 회원 200만 명의 팬클럽이 있고 그 팬에 대하여 프로모션을 전개해간다는 것을 나타낼 때는 원통을 사용하고 그 안에 '고객 기반'이라고 적으면 실제로 이미 고객을 확보하고 있다는 이미지를 쉽게 머릿속에 그릴 수 있다.

또한 그 200만 명에 계층구조가 있어 프리미엄 회원이나 일반 회원의 몇 계층으로 나눌 수 있다면 삼각형으로 계층을 표현하기

[도표 70] 도형의 특징

도 한다. 이렇게 하면 같은 200만 명이라도 그 이미지가 완전히 달라진다.

더욱이 '도표 61'처럼 평면적인 도표뿐 아니라 입체를 사용하면 계단처럼 올라가는 모습을 표현하기 쉽고 단계 상승의 느낌을 연출할 수 있다.

이 같은 룰을 따르면 얼핏 봐도 무엇을 나타내고 있는지 직감적으로 이해할 수 있는 차트를 만들 수 있다. 이미 평소 이처럼 의식적으로 도형을 사용하고 있는 사람도 있고 어렴풋이 예전에 봤던 자료를 떠올리고 뒤늦게 납득하는 사람도 있을 것이다.

필요한 것은 도형을 그저 아무 생각 없이 사용하는 것이 아니라 왜 이 형태를 사용했는지 질문을 받았을 때에 확실히 이유를 말할 수 있도록 해두는 것이다. 이런 규칙은 절대적인 것이 아니다. 따라서 극단적으로 모든 데이터를 사각형으로 표현했다고 해서 틀렸다고 말할 수는 없다. 그러나 비즈니스의 공통 룰처럼 사용되는 것이 있다면 그것을 따르는 것이 상대의 이해를 돕는 방법이다.

반대로 사용할 필요가 없는 부분에서 3D 등을 사용하면 통일감이 결여된 인상을 심어주기도 하기 때문에 지나친 사용에는 주의해야 한다.

화살표·선의 사용법

화살표나 선도 도형과 마찬가지로 자주 사용되는 방법이 있다. '도표 71'을 참고하면 된다.

화살표는 어떤 것이든 기본적으로 순서를 나타낸다.

자세히 살펴보면, 흰 박스 화살표는 Before/After 같은 변화의 전후를 나타낼 때 자주 사용된다. 이 같은 흰 박스 화살표에 검은색이 칠해져 있으면 A가 B에 영향을 미치고 있다는 인과관계를 나타낸다.

삼각화살표는 사각이 나란히 놓여 있고 그 사이를 점점이 채우는 형태로 사용되는데 단순작업의 프로세스를 표현할 때 자주 쓴다.

[도표 71] 화살표·선

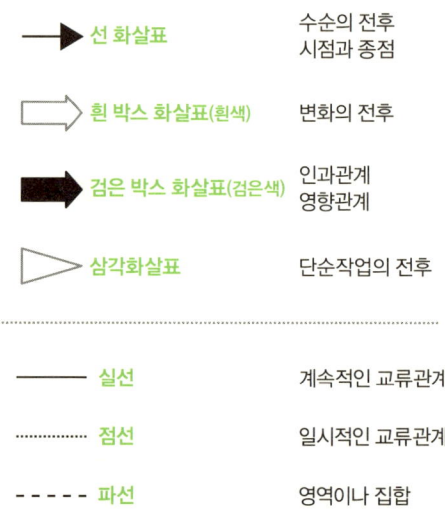

　보통 화살표는 요소와 요소 사이에 약간의 거리감이 있고, 부문들을 걸치는 듯한 이미지를 가지는데, 삼각화살표는 다음 과정으로 바로 넘어간 듯한 뉘앙스로 사용된다.
　또한 선은 도형이나 도형을 연결하고 교류관계나 개념적인 연결을 표시하는데, 실선으로 연결하는 경우는 계속적인 교류관계, 점선은 일시적인 교류관계를 나타낸다. 또한 복수의 도형을 파선으로 두른 경우는 영역이나 집합관계를 나타낸다. 조직도에서 실선은 직접적인 리포트 라인(상사와 부하직원의 보고 경로, 결재 경로)을, 점선은 직속은 아니지만 제휴가 있는 부분으로 구분해 사용한다. 매트릭스 위에 맵핑된 요소를 파선으로 한데 묶어 집합으로 간주하는 식으로 사용하기도 한다.

실제로 화살표나 선은 그렇게까지 의식하지 않는 경우도 많고, 일괄적으로 꼭 그렇게 해야 한다고 정해진 법칙도 없지만 이 같은 사용법이 있다는 것을 기억해두면 참고가 될 것이다.

차트 작성력을 키운다

앞에서도 다루었지만 차트를 작성하기 위해서는 우선 논리적이어야 한다.

때때로 차트를 단순한 도표로 생각하고 도표 솜씨가 있어야 한다고 말하는 사람이 있다. 하지만 차트는 어디까지나 논리의 축적이다.

왜냐하면 왜 이 기본 차트를 이용하는가, 왜 이 도표인가, 왜 이 위치인가 등등의 질문에 스스로 답하지 않으면 안 되기 때문이다. 따라서 먼저 무엇을 전하고 싶은가, 그 메시지에는 어떤 요소가 있는가, 그 관계성은 어떠한가, 그것을 어떻게 표현할 것인가 등을 머릿속으로 정리하면서 손으로 직접 그려보는 과정이 중요하다. 무엇보다, 구조가 확실해야 이해하기 쉬운 자료를 만들 수 있다.

최근에는 인터넷으로도 정보를 즉각적으로 입수할 수 있기 때문에 타인이 만든 차트를 그대로 빌려와 내용만 살짝 바꿔 사용하기도 한다. 특히 초보자에게 많은 경우인데, 그 가운데는 전달하고자 하는 내용과 차트가 전혀 맞지 않을 때도 있다.

논리를 생각하지 않고 흉내 내기만 하면, 얼핏 깔끔해 보이기는 하지만 질문을 해도 명확히 설명할 수 없는 차트가 되어버린다. 흉내 내서는 안 된다고 말하는 것이 아니다. 오히려 좋은 차트라면 얼마든지 흉내 내도 좋다. 하지만 흉내를 낼 때는 어째서 이 같이 표현했는지 작성자의 사고를 더듬어보고 그것을 이해한 뒤에 자신의 편리에 따라 변용해야 한다. 그렇지 않으면 단순한 차용에 그치고 만다.

그런 의미에서 특히 초보자에게는 연역법, 변증법, 귀납법, 피라미드 트리 등 로지컬 씽킹의 기본을 함께 익혀두기를 권한다. 그러면 보고서 작성 실력도 향상될 것이다.

또한 유추를 찾을 때는 일종의 센스가 필요하다. 센스는 선천적인 것이라서 노력이나 훈련으로는 향상시킬 수 없다고 생각할 수 있지만, 이 경우의 센스는 교양이라는 말로 바꿔도 좋다.

예능계를 예로 들면……, 삼국지에 비유하면……, 등산으로 말하자면…… 등등 무엇인가에 비유한다는 것은 얼마만큼 사물을 알고 있는지, 얼마만큼 다양한 서랍을 가지고 있는지를 나타내기 때문이다.

교양은 잡학이라고도 할 수 있다. 어느 때는 「주간 어린이뉴스」 (NHK의 방송 프로그램-옮긴이)의 이케가미 아키라池上彰가 된 것처럼 어린애라도 이해할 수 있는 사례는 무엇이 있는지 고민해야 하고 단순화시켜서 다른 것으로 대체 해설하고 설명할 수 있어야 한다. 그런 식으로 상대의 입장이 되어 시점을 이동시키는 과정에서는 시행착오를 경험할 수밖에 없다. 그런 시행착오가 하나하나 쌓여서 여러 가지의 유추가 가능해지고, 그 결과 센스도 향상된다.

비유에는 유일하고 절대적인 답이 존재하지 않고, 규칙이나 룰도 없다. 자신의 일이나 가치에 대한 일종의 '고집'으로 생각하고 임하면 좋을 것이다.

차트뿐 아니라 타인에게 자신의 의도를 충분히 이해시키기 위해서는 원래 그 나름의 작은 수고가 필요하다.

신제품 카메라에 대하여 전하고자 한다면 상대가 이른바 카메라 오타쿠나 카메라에 정통한 사람이라면 화소수는 이렇다, 렌즈는 이렇다며 카메라의 성능을 나타내는 말을 그대로 설명하는 것으로 충분하다. 하지만 처음 일안렌즈 카메라를 접하는 여성에게 그런 식으로 설명했다가는 좀처럼 이해시킬 수 없을 것이다. 인간의 눈에 비유하여 카메라의 성능을 설명하거나 어두운 레스토랑에서도 이 정도로 요리를 멋있게 찍을 수 있다며 종래의 카메라와 비교하면서 그 사람의 일상생활 속에서 어떤 가치를 발휘할지 생각해보는 수고가 필요한 것이다.

상대의 입장에 서서 배려하고 수고를 아끼지 않을 때 상대에게 쉽게 메시지를 전달할 수 있다. 이런 노력이 결과적으로 이해하기 쉬운 보고서 작성의 센스로 이어진다고 생각한다.

[도표 72] 차트의 체크리스트

기본 체크

		Good	Bad
기본 체크	오브젝트	• 크기, 배치, 색, 형태 등이 통일된 룰에 근거한다 • 시선의 흐름에 따라서 배치되어 있다	• 같은 오브젝트에서 음영의 유무나 테두리선의 굵기가 제각각이다 • 시선의 흐름을 거스르는 불균형한 배치로 되어 있다
	문자	• 반복적으로 사용되는 문자나 장황한 문장의 말미를 생략하고 있다 • 크기, 굵기, 색이 보기 쉽다 • 영어와 숫자가 반각으로 통일되어 있다	• 오브젝트에서 불거져 나와 있다 • 음영 때문에 읽기 어렵다 • 영어와 숫자에 전각과 반각이 혼재하고 있다
	미디어 체크	• 인쇄하거나 프로젝터로 투영하면 문자나 기호가 명료하게 보인다	• 인쇄하면 문자나 기호가 뭉개진다 • 프로젝터로 투영하면 문자나 기호가 작아서 읽을 수 없다

프로세스 체크

			Good	Bad
프로세스 체크	기본 차트	대상선택	• 차트로 표현하고 싶은 메시지에 기초하여 대상을 선택하고 있다	• 차트에서 표현할 목적이 명확하지 않다
		차트 타입 선택	• 표현내용(집합, 전개, 계층……)에 맞는 차트 타입을 사용하고 있다	• 표현하고 싶은 내용과 차트 타입이 연결되지 않는다
		작성	• 목적에 맞춰 가공하고 있다 • 최종적인 결과를 한눈에 알 수 있다	• 표현내용에 맞추지 않고 오로지 한 가지만을 사용했다 • 일일이 읽지 않으면 메시지를 알 수 없다
	오리지널 차트	체계화	• 표현하고 싶은 메시지가 체계적, 논리적으로 구성되어 있다	• 표현내용을 정리하지 않은 채 일단 차트화시켰다
		표현요소 추출·정의	• 메시지에서 효과적으로 간단히 이해할 수 있는 키워드를 추출할 수 있다 • 사용한 유추를 다른 사람도 똑같이 이해할 수 있다	• 기억하기 어려운 키워드를 추출하고 있다 • 키워드나 유추를 읽어도 주요 메시지의 내용을 알아챌 수 없다
		관계성 설정	• 단순한 오브젝트와 화살표만으로 이해할 수 있게 표현되어 있다	• 오브젝트의 관계성을 표현하지 못하고 단순히 키워드가 나열되어 있다
		작성	• 도형·화살표의 의미나 효과의 적용 목적이 설정한 관계성에 맞다	• 메인 메시지를 구조적으로 이해할 수 없다

차트 템플릿을 활용한다

이 책에서 소개한 기본 차트를 비롯한 100개 차트의 템플릿을 아래의 URL에서 다운로드할 수 있다.

http://www.toyokeizai.net/ad/documentation-templates

보고서를 작성할 때에 활용해보자.

6장

의미의 이해를 돕는 보고서 작성법

비주얼 이펙트 테크닉

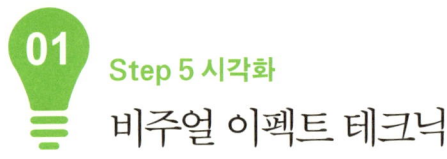

Step 5 시각화
비주얼 이펙트 테크닉

비주얼 이펙트란?

지금까지 비주얼의 구성요소 중 하나인 비주얼 오브젝트에 대하여 '표', '그래프', '차트'의 작성법을 순서대로 소개했다. 지금부터는 또 다른 시각화의 구성요소인 비주얼 이펙트의 사용법에 대하여 설명하겠다. 비주얼 이펙트는 파워포인트를 전제로 하여 이야기를 진행해가겠다.

비주얼 이펙트를 번역하면 '시각화 효과'인데, 한마디로 말하고자 하는 메시지를 간단히 이해시키는 효과적인 수단이다. 그러나 잘못 사용하면 오히려 역효과가 날 수도 있으니 유의해야 한다.

세 가지 종류와 세 가지 효과

비주얼 이펙트에는 ①컬러링(색), ②일러스트, ③애니메이션의 세 가지 종류가 있다.

[도표 73] 비주얼 이펙트

```
        ┌─────────────────┐
        │   비주얼 이펙트   │
        └─────────────────┘
   메시지를 간단히 이해시키기 위한 효과적인 수단

        ① 컬러링

        ② 일러스트

        ③ 애니메이션


        ┌─────────────────────┐
        │   비주얼 이펙트의 역할   │
        └─────────────────────┘
```

심벌	가이드	연출
오브젝트를 추상화하고 이해 촉진을 꾀한다	위치나 강조할 곳을 나타내고 이해를 위한 가이드 역할을 꾀한다	분위기를 표현하고 강한 인상과 통일감을 준다

    그리고 그 세 종류는 각기 '심벌'로 사용한다, '가이드'로 사용한다, '연출'로 사용한다는 세 가지 역할이 있다.

    결국 '컬러를 심벌로 사용한(①×a), 컬러를 가이드로 사용한(①×b), 컬러를 연출로 사용한(①×c)'이라는 세 가지 종류×세 가지 역할이 있는 셈이다.

    나중에 자세히 살펴보겠지만, 심벌이란 표현하고 싶은 대상물을 추상화하고 이해를 촉구하는 역할을 한다. 가이드는 보여주고 싶은 곳이나 강조하는 부분을 나타내고 시선이나 사고의 순서를 안내한다. 연출이란 화려한 분위기나 강한 인상을 심어주거나 자료 전체에 통일감을 자아내는 효과를 말한다.

Step 5 시각화
컬러링

컬러링의 기본 테크닉

그렇다면 비주얼 이펙트 각각의 역할과 테크닉에 대하여 설명해보자. 먼저 컬러링이다.

맨 먼저 컬러를 심벌로 사용하는 경우인데, 가장 친숙한 것은 화장실에서 볼 수 있다. '남성은 검은색, 여성은 빨간색'으로 남녀의 차이를 나타낸다. 만약 이것이 뒤바뀐다면 사회는 상당히 혼란스러워질 게 분명하다. 이런 사실로도 컬러가 심벌로서 사회에 정착해 있다는 것을 알 수 있다.

도큐멘테이션에 있어서도 프로젝트 팀이 세 개로 나눠진 경우에 예컨대 '업무 팀은 빨간색으로, 시스템 팀은 파란색으로, 콘텐츠 팀은 노란색으로 하자'며 각 팀을 상기하기 쉬운 컬러로 통일하여 나타내기도 한다. 이것이 컬러를 심벌로서 이용하는 경우다.

가이드를 할 때는 그레이아웃 gray out 을 많이 사용하는데, 예컨대 3단계를 나타내는 도표에서 '단계 2를 먼저 봐주세요'라고 시선을 해당 부분으로 안내하고 싶을 때, 단계 2에 색깔을 입히고 단계 1과 3은 무채색으로 하여 컬러를 돋보이게 하는 방법을 자주 구사한다.

프레임워크도 마찬가지다. 예컨대 다섯 개의 경쟁요인을 분석하며 설명할 경우 '자, 신규 사업자에 대하여 설명하겠다'며 해당 부분만 색깔을 입혀 두드러지게 하면 자료의 어느 부분을 설명하고 있는지 쉽게 알릴 수 있다.

연출 방법으로 자주 사용되는 것으로는 코퍼레이트 컬러(Corporate Color, 기업이나 단체 등의 조직을 상징하는 색-옮긴이)와 연동하여 기업의 브랜드 이미지를 통일적으로 연출하는 예가 있다. 미쓰비시 그룹은 빨간색, KDDI 그룹은 오렌지색처럼 기업에 따라 코퍼레이트 컬러를 지니고 있는데, 파워포인트의 템플릿에 코퍼레이트 컬러를 사용하는 기업도 많다. 만일 프로젝트 컬러가 정해져 있는 경우는 프로젝트 컬러로 전체를 통일하기도 한다.

또한 성장을 연상시키고 상승곡선을 그리는 차트에서는 따뜻한 색깔인 노란색이나 선명한 색을 오른쪽에 배치하여 밝은 미래가 기다리고 있다는 인상을 심어준다. 이는 회사를 떠나 다양한 보고서에 공통적으로 연출되는 방법이다.

컬러링할 때 주의할 점

컬러링을 할 때 기본적으로 유의해야 할 점은 다음과 같다.

① 색깔을 너무 많이 사용하지 말 것
② 담담한 색조로 억누를 것

색은 무조건 사용한다고 해서 다 좋은 것이 아니다. 오히려 사용하는 색깔이 너무 많으면 보고서의 어디를 보면 좋을지 알 수 없어진다. 그래프에서 항목이 많은 경우는 제외하더라도, 한 가지 보

[도표 74] 컬러링 테크닉

심벌	가이드	연출
남녀를 나타낸다	단계 중 해당 부분을 나타낸다	기업 브랜드의 통일감 연출
프로젝트 내의 팀을 나타낸다	프레임워크의 해당 부분을 나타낸다	성장 이미지 연출

고서에서 사용하는 색깔은 최대 다섯 가지로 억제하는 것이 좋다.

표현하고 싶은 것이 예를 들어 열 개가 있다고 해도 그것을 다시 대분류로 정리하면 세 개 정도로 묶을 수 있다. 그 대분류를 빨간색 계열, 파란색 계열, 노란색 계열로 나타내고, 소분류를 그라데이션으로 동색계열의 중간색이나 보다 담담한 색을 사용하여 색깔의 수를 제한한다. 또한 그래프에서 특별히 봐주길 원하는 부분만 색을 입히고 강조할 필요가 없는 부분은 검은색이나 회색 같은 무채색을 사용(그레이아웃)해서 색깔 수를 줄인다.

또한 사용하는 색깔은 압박감이 없는 담담한 색조를 사용하도록 한다. 때때로 빨간색이나 꽃분홍색 같은 진한 색을 비즈니스 자료에 사용하는 사람이 있는데 그다지 좋아보이지는 않는다.

그리고 색상은 파란색을 중심으로 차가운 색 계열을 사용하는 것이 무난하다. 난색 계열을 사용하는 경우라면 빨간색이나 오렌지색보다는 담담한 크림색이 좋다. 단, 난색 계열을 사용하면 아무래도 여성스럽고 온화한 인상을 줄 수 있기 때문에 전문적이고 차분한 이미지를 연출하고 싶다면 역시 파란색이나 초록색을 선택하는 것이 좋다.

[도표 75] 컬러링 체크리스트

기본 체크

		Good	Bad
기본 체크	색깔 수	• 기본 색은 세 가지 색 이내다 • 그러데이션·무채색의 사용으로 색깔 수를 제한했다	• 장식으로 가득하다 • 어디에 눈길을 두어야 할지 알 수 없다 • 색깔 수가 많아서 피로감을 준다
	색조	• 전체적으로 옅은 색조로 마무리되어 있다 • 강조 부분에 반대색을 사용하여 변화를 주었다 • 동적인 것에 난색 계열, 정적인 것에 한 색 계열을 사용하고 있다	• 색이 진해 압박감을 준다 • 원색을 많이 사용하고 있다 • 기본 색을 설정하지 않았다
	배색 부분	• 같은 의미를 가진 오브젝트에는 같은 계열의 색을 사용하고, 상대관계의 오브젝트에는 반대색을 사용하고 있다	• 오브젝트의 관계성을 생각하지 않고 제각기 색을 사용하고 있다
	미디어 체크	• 인쇄해도 농담 및 의미 부여를 인식할 수 있다 • 프로젝터에 투영할 때를 대비해 색을 선명하게 사용했다	• 인쇄하면 배경에 문자가 묻어난다 • 프로젝터로 투영할 때에 전체적으로 옅고 뿌옇다

활용 체크

		Good	Bad
활용 체크	공통 체크	• 사용할 때의 역할을 한마디로 말할 수 있다	• 색을 사용했을 때의 효과가 전해지지 않는다
	심벌	• 색으로 오브젝트의 의미를 위화감 없이 연상할 수 있다 • 색의 의미를 미리 법칙으로 정하고 있다	• 색이 오브젝트의 의미와 결부되지 않고 혼란을 초래한다 • 같은 의미의 심벌에 매번 다른 색을 배색하고 있다
	가이드	• 봐야 할 부분이나 강조 부분을 순식간에 알 수 있다 • 해당 부분 이외에는 무채색을 사용하고 있다	• 많은 색을 이용하여 어디를 보면 좋은지 모른다 • 강조하는 부분 외에 시선을 빼앗긴다
	연출	• 동일한 기본색을 도큐멘테이션에서 일관적으로 사용하고 있다 • 의뢰자의 기대나 지식을 이해한 뒤에 표현했다	• 통일감이 없어 산만한 인상을 준다 • 의뢰자의 기대나 지식에 걸맞지 않다

Step 5 시각화

일러스트

일러스트의 사용법과 주의점

비주얼 이펙트의 두 번째는 일러스트다. 일러스트는 컬러링과 마찬가지로 심벌, 가이드, 연출의 세 가지 역할이 있다. 기본적으로는 메시지를 돋보이게 하는 포인트나 텍스트에 사용하는데, 그래프, 차트만으로는 메시지를 이미지화하기 어려운 부분에 사용한다.

먼저 심벌로서 일러스트를 이용하는 흔한 예는 악수하는 일러스트를 제휴의 심벌로써 이용하는 방법이다. 제휴를 심벌과 연결해 표현하면 더 강한 인상을 줄 수 있다.

자료에 프레임워크를 게재하는 경우, 그 요소를 심벌로 표현하기도 한다. 예컨대 사람·사물·돈에 대하여 문자뿐 아니라 사람 도표나 사물이 움직이는 그림, 돈 마크를 넣어 표현하는 경우다. 순간적으로 인식하기 쉽다.

[도표 76] 일러스트 체크리스트

기본 체크

		Good	Bad
기본 체크	사용 수	• 역할에 따라 사용 수를 조절했다	• 이용한 일러스트의 수가 너무 많아 효과를 느낄 수 없다 • 메시지보다도 일러스트가 두드러진다
	사용 부분	• 메시지를 부각시키고 강한 인상을 줘야 하는 부분에 사용하고 있다 • 텍스트·그래프·차트만으로는 이미지 화하기 어려운 부분에 사용하고 있다	• 문자나 다른 오브젝트와 겹쳐져 있다 • 의미가 없는 곳에 사용하고 있다
	스타일	• 비즈니스 상황에 상응한 세련된 스타일을 사용하고 있다 • 의뢰자의 지식이나 기호에 맞춘 스타일을 사용하고 있다	• 유치한 그림이나 만화를 사용하여 불신감을 주고 있다 • 의뢰인에게 사용 부적절한 일러스트를 사용하고 있다 • 의미를 알 수 없는 배경이 있는 일러스트를 다수 사용하고 있다
	미디어 체크	• 프로젝터로 투영했을 때 멀리서 봐도 무엇을 나타낸 일러스트인지 알 수 있다	• 인쇄하거나 투영했을 때 무엇을 나타낸 일러스트인지 알 수 없다

활용 체크

		Good	Bad
활용 체크	공통 체크	• 사용할 때의 역할을 한마디로 말할 수 있다	• 일러스트를 사용했을 때의 효과가 전해지지 않는다
	심벌	• 일러스트에서 상황이나 개념을 자연스럽게 이미지화할 수 있다	• 일러스트를 봐도 무엇을 표현한 것인지 알 수 없다
	가이드	• 시선을 둘 부분이나 강조 부분을 순간에 알 수 있다	• 일러스트를 많이 사용하고 있어서 어디를 봐야 좋을지 알 수 없다. • 내용이 아니라 일러스트에 시선을 빼앗긴다
	연출	• 도큐멘테이션 전체에 동일한 스타일의 일러스트를 사용하고 있다 • 의뢰인의 기대와 지식을 이해하고 표현하고 있다	• 여러 가지 스타일의 일러스트를 섞어 사용하여 통일감이 결여되어 있다 • 의뢰인의 기대나 지식에 어울리지 않는다

일러스트를 사용할 때는 상대에게 불쾌함을 주지 않는 것을 사용하는 배려심을 발휘해야 한다. 연출 효과로 사용할 때는 이해를 빠르게 하기 위한 목적을 제외하고는 특별히 사용하지 않는 것이 좋다.

나의 경우 일러스트는 마이크로소프트사가 제공하는 무료양식을 자주 사용한다. 검색 사이트에 등장하는 일러스트는 저작권에 저촉될 가능성이 높기 때문에 주의가 필요하다. 출처가 불분명한 일러스트는 사용하지 않는 것이 좋다. 문서를 데이터로 이용하는 경우 그 출전을 기재하는 것은 기본 중에 기본이다. 일러스트도 마찬가지다. 고객의 상품이나 서비스를 일러스트로 사용할 때도 '귀사의 홈페이지에서 발췌'했다는 것을 밝혀 무단사용이 아니라는 점을 명시할 필요가 있다.

04 Step 5 시각화
애니메이션

애니메이션의 사용법과 주의점

애니메이션은 사라지는 것이라서 심벌로 사용할 수 없다. 애니메이션의 역할은 가이드와 연출 두 가지다.

가이드를 할 때 일반적으로 자주 사용되는 방법은 프레젠테이션에서 예컨대 'Q. 목적은 무엇인가?'라는 질문을 던지고, 'A. 답은 이것이다'라고 애니메이션을 꺼내 시선을 유도하는 것이다.

또한 작업공정의 흐름을 보이고 그 일부에 깜박이는 효과를 주어 '이곳이 중요하다'며 시선을 유도할 때도 자주 사용한다.

과도하게 사용하면 오히려 눈에 거슬리고, 클릭하는 타이밍이나 순서가 틀리는 실수도 할 수 있기 때문에 지나치게 사용하지 않는 것이 좋다.

연출로 사용하는 경우는 예컨대 '세 개의 경영 비전이 있다'고 설명하고 세 가지 비전을 효과음과 함께 애니메이션으로 등장시켜 메시지를 더욱 강조하거나 공장의 작업공정을 애니메이션으로 만들어 사실적으로 표현할 때 사용한다.

지나치면 역효과를 초래한다

전반적으로 비주얼 이펙트 모두에 해당하는 말인데, 지나치게 사용하지 않도록 주의해야 한다. 좋은 보고서를 만들기 위해서 무심코 사용한 효과가 효과로서 제 역할을 못하고 오히려 역효과가 되어버리는 일은 의외로 많다.

[도표 77] 애니메이션 체크리스트

기본 체크

		Good	Bad
기본 체크	사용 수	• 목적을 말하는 부분에만 사용하고 있다	• 지나친 사용으로 품위를 떨어뜨리고 있다
	동작	• 일정 동작 룰에 따르고 있다	• 같은 전개에서 다른 동작을 설정하고 있다
	미디어 체크	• 프로젝터에 투영하면 리듬감·사실성·강한 인상을 준다	• 인쇄하면 오브젝트와 겹친다

활용 체크

		Good	Bad
활용 체크	공통 체크	• 사용할 때의 역할을 한마디로 말할 수 있다	• 애니메이션을 사용하는 효과가 제대로 전해지지 않는다
	가이드	• 보이는 순서나 시선을 제어하고 있다	• 설명하는 순서와 맞지 않는다
	연출	• 약동감을 주고 좀 더 앞을 보고 싶다고 생각하게 한다 • 사실적인 움직임으로 이미지를 환기시키고 있다	• 움직임 자체에 시선을 빼앗기고 만다

7장

보고서의 질을
높이기 위한 힌트

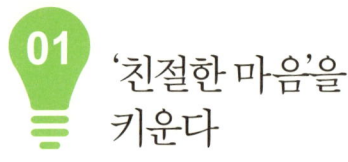

01 '친절한 마음'을 키운다

'친절한 마음'이란 사용자 경험

지금까지 보고서 작성 과정을 함께 살펴보았다. [Step 1]부터 [Step 3]까지는 목적을 달성하기 위해 타깃을 파악하고 어떻게 메시지를 전달해야 하는지 '친절한 마음'을 구사하여 생각해야 한다고 말했고, [Step 4], [Step 5]에서는 이해하기 쉬운 구성으로 알기 쉽게 시각화하기 위한 '요리의 테크닉'에 해당하는 기술에 대하여 설명했다.

여기서 다시 한 번 '친절한 마음'과 '요리의 테크닉'에 대하여 이를 어떻게 가로질러 포괄할 것인가, 또한 이러한 능력과 마인드를 어떻게 향상시킬 것인가에 대해 이야기하고자 한다.

기본적인 보고서 작성 단계를 염두에 두고, 다시 한 번 본질로 돌아가 응용력을 키우자.

먼저 '친절한 마음'은 일본적인 뉘앙스가 강하게 느껴지는 말이다. 이를 영어로 번역하면 어떤 말이 될까?

일반적으로는 '환대hospitality'나 '접대entertainment'인데, 최근 비즈니스 용어 중에서 '친절한 마음'에 해당하는 영어로 자주 언급되는 것이 '사용자 경험user experience'이라는 말이다.

사용자 경험이란 제품이나 서비스를 사용하거나 체험함으로써 인간이 인지하는 감각을 총칭하는 것으로, 예컨대 아이패드나 아이팟 등의 사용 혹은 디즈니랜드에서의 체험이나 일류 호텔의 서비스 등을 예로 들 수 있다. 이처럼 일반적으로 요구되는 기능이나 서비스를 뛰어넘어 더욱 '즐겁고, 기쁘고, 기분 좋고, 감동적인' 체험가치를 제공하는 것을 중시하는 사고방식이다.

'User Experience'를 직역하면 고객 체험이 되는데, 명확하게 무엇을 의미하는지 애매해지고 만다. 그리고 이 말에 가까운 용어가 '친절한 마음'이 아닐까 하는 이야기가 오가기 시작했고, 시장 성숙화가 진행되는 가운데 경쟁우위를 결정하는 요인으로 주목을 받고 있다.

이 같은 경향은 소비시장에 한정되지 않는다. 보고서 작성에서도 마찬가지다. 단순히 사실만 제공할 것이 아니라 철저한 사고를 통해 나온 메시지나 스토리, 상대의 입장에 서서 쉽게 이해되고 한층 마음을 움직이는 표현을 보고서에 실음으로써 사용자 경험을 제공할 수 있다. 이로써 계속해서 선택받는 인재로 거듭날 수 있는 것이다.

그리고 이 가치는 얼마만큼 상대의 입장에 가까이 서느냐에 따라 달라진다.

보고서에서 '친절한 마음'이란

'친절한 마음'은 [Step 1]~[Step 3]의 단계 외에서 어떻게 보고서 작성에 활용될까?

실제로 보고서 작성에서 '친절한 마음'은 아직 제대로 인정을 받지 못하고 있다.

보고서 작성에 관한 연수를 하면 수강자들은 '나는 아티스트가 아니기 때문에 내용으로 승부를 하겠다. 굳이 색깔 따위에 집착할 필요성을 느끼지 못한다'며 목소리를 높인다.

내용이 중요한 것은 당연하다. 아티스트도 아닌 사람에게 컬러 코디네이트 지식을 높이라고 말할 생각도, 광고나 예술처럼 세련된 디자인을 요구할 마음도 없다. 그러나 화려한 색이나 눈에 확 띄는 색을 피하고 이해를 방해하지 않도록 배색하거나 상대의 코퍼레이트 컬러를 사용하거나 시각적인 요소와 느낌 look and feel 을 통해 상대를 배려하는 자세는 매우 중요한 비즈니스 능력이고, 그것이 바로 친절한 마음에 해당된다. 그리고 상대의 입장에서 생각하는 자세는 반드시 그 사람에게 전해지게 마련이다.

친절한 마음은 가이드 기능으로써도 나타난다. 프레임워크를 사용해 보고서를 구성할 경우 '지금은 이 프레임워크에 근거하여 이 부분의 이야기를 하고 있다'며 슬라이드 위에서 안내할 수 있는데, 이것은 상대가 단시간에 이해할 수 있도록 돕고자 하는 친절한 마음을 표현한 것이다.

최근에는 동영상으로 시작되는 프레젠테이션을 자주 볼 수 있는데 이 또한 친절한 마음의 발현이다. 도큐멘테이션 그 자체는 아니지만 '백문이 불여일견'이라는 관점에서 고객의 이해를 돕기 위해 철저히 고객의 시점에 섰다고 볼 수 있다.

가격경쟁이 극심한 상황에서 가령 내용에 별반 차이가 없다면 '친절한 마음'은 큰 차별화 요인이 된다. 예컨대 학교의 교과서와 대입학원의 교재를 비교해보면 학습해야 할 내용 자체는 동일하지만, 학생의 흥미를 얼마만큼 이끌어내어 학습효과를 높이는가 하는 점에서는 차이가 있을 것이다. '이 사람은 나에 대하여 이해한 뒤 배려하는 마음으로 대응하고 있다'는, 상대의 입장에 얼마만큼 다가가 기대에 부응하는가가 선택받는 보고서의 요건이라 말할 수 있다.

'친절한 마음'이 낳는 간결함

최근 친절한 마음으로 가장 중시되는 것이 '간결함'이다. 방대한 정보사회에서 정보를 숨 막힐 정도로 가득 담아내는 것이 아니라, 오히려 최대한 잘라내어 필요 충분한 정보만을 골라 담는

[도표 78] 구글의 디자인 가이드라인 10개조

1 도움이 되는가? (Useful)	6 전 세계적인가? (Universal)
사람들의 일, 생활, 꿈의 실현에 공헌하고 있는가?	전 세계에서 사용할 수 있는가?
2 신속한가? (Fast)	7 이익이 나오는가? (Profitable)
밀리세컨드 단위로 고속화하자	늘 비즈니스를 생각하자
3 간결한가? (Simple)	8 아름다운가? (Beautiful)
간결한 것은 강력하다	눈에 띄는 디자인인가?
4 매력적인가? (Engaging)	9 신뢰할 수 있는가? (Trustworthy)
초보자에게도, 상급자에게도 매력적인가?	신뢰받기 위해 노력하자
5 혁신적인가? (Innovative)	10 친밀감이 있는가? (Personable)
대담하게 가자!	개인적인 접촉을 중시하자

것이 보고서를 받아보는 사람의 마음을 편안하게 만들어준다. 정보를 간결하게 뽑아내기 위해서는 당연한 말이지만 상대에 대해 이해하지 않으면 안 된다. 간결하다는 것은 이해하기 쉽고 아름답다는 것과도 일맥상통하는 것으로 궁극의 친절한 마음이라 할 수 있다.

간결함은 지나치게 많은 정보 중에서 원하는 정보를 좀처럼 얻을 수 없다는 사용자의 불만이 속출하는 가운데 최근 웹 인터페이스에서도 중시하고 있는 개념이다.

구글은 '도표 78' 같은 '디자인 가이드라인 10개조'를 만들었는데 그 세 번째로 'Simple'을 꼽고 있다.

무엇을 통해 사용자 체험을 제공할 것인지는 기업이나 제품에 따라 다르다. 구글에서는 우선적으로 '도움이 된다^{useful}'와 '신속하다^{fast}'를 꼽고 있는데, 디즈니랜드에서는 '즐겁다', '두근거린다'를 꼽는다.

구글의 디자인 가이드라인 10개조는 보고서 작성과도 일맥상통하는 부분이 있다. 예컨대 아홉 번째 '신뢰할 수 있다^{trustworthy}'는 친절한 마음 이전의 문제이기는 하지만, 오탈자나 데이터 오류라는 실수를 하지 않도록 충분히 배려할 필요가 있다. 컨설턴트의 경우, 비록 한 군데라도 데이터에 오류가 있으면 치명적이라서 신뢰할 만한 보고서로 봐주지 않는다. 가장 먼저 신뢰성을 생각해야 한다는 사실은 굳이 말할 필요도 없다.

구글의 10개조는 사용자 체험의 일례이기 때문에 그것을 그대로 개개의 보고서 작성에 완전히 적용하기는 어려울 것이다. 그 대신 자신이 직접 '보고서 작성 10개조'나 '친절한 마음 10개조'에 대해 생각하고 만들어보는 것도 좋지 않을까?

얼마나 상대의 입장에 설 수 있는가?

보고서 작성에서 상대를 배려하는 친절한 마음을 향상시킨다는 것은 판단력을 단련하는 일이기도 하다. 판단력이라면 타고나는 것으로 생각하기 쉽지만, 사실 상대나 주제에 대한 넓고 깊은 생각이나 여러 가지를 알아차릴 수 있는 sense 능력을 말한다. 판단력을 단련하기 위해서는, 다시 한 번 말하지만 얼마만큼 상대의 입장에서 생각할 수 있는지가 중요하다.

내가 수강생들을 가르칠 때, 예컨대 프레젠테이션 자료의 경우에는 자료가 완성된 뒤에 고객이 앉는 의자에 수강생을 앉히고 실제로 스크린에 작성한 자료를 비춰 보인다.

그렇게 하면 폰트가 너무 작아 보기 힘들다거나 일러스트가 무엇을 나타내는지 이해하기 어렵지는 않은지 등등 자신이 작성을 했을 당시에는 보이지 않던 결점이 자연스럽게 보인다. 문자 그대로 물리적으로 상대의 입장에 앉아봄으로써 비로소 상대의 시점으로 세계가 보이는 것이다.

자신이 있는 세계에 파묻혀 있을 때는 아무래도 무엇이 좋은지 혹은 나쁜지 제대로 볼 수 없다. 따라서 다른 사람이 만든 자료를 보는 등 강제적으로 타자의 시점을 갖는 것이 좋다.

강연이나 연수에서 강사로서 뛰어난 사람과 그렇지 않은 사람 사이에는 분명 차이가 있다. 보통은 강연이나 연수가 끝난 뒤에 수강자에게 설문지를 받아 며칠 뒤에 강사에게 그 결과를 알려준다. 그런데 뛰어난 강사는 강연이나 세미나 당일, 또는 설문용지를 수렴한 직후에 그 결과를 묻는다. 강연의 어떤 부분이 좋았는지 혹은 나빴는지, 자신이 가설로 도입한 스토리는 적중했는지 혹은 빗나갔는지, 적극적으로 피드백을 요구해온다. 그리고 다음 번 강연은 그 점에 입각하여 내용을 바꾼다.

상대에게 피드백을 요구하고 그것을 적극적으로 활용하는 것이 '친절한 마음'을 반영한 보고서 작성이나 프레젠테이션을 할 수 있는 포인트라 할 수 있다.

피드백은 다음번 요리를 개선하는 것과 동일하다. 변함없는 맛으로 인기를 모으고 있는 맛 집이라고 해도 사실 전혀 변하지 않는 경우는 극히 드물다. 실제로는 재료나 시대의 변화에 맞추어 늘 새롭게 개량하고 있다. 시대에 맞춰 조금씩, 조금씩 변하기 때문에 몇 백 년이 지나도 사람들이 다시 찾는 것이다.

친절한 마음은 계속 동일한 것을 반복하는 것이 아니다. 또한 생각 없이 이리저리 흔들리는 것도 아니다. 믿음을 가지고 상대에 맞춰 진화해가는 것이 중요하다.

먼저 보고서를 제출하거나 프레젠테이션을 한 뒤에 그대로 끝내지 말고 반드시 피드백을 요구하는 것에서부터 시작하자.

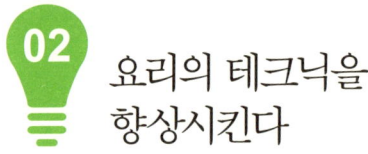
02 요리의 테크닉을 향상시킨다

연구하고 시도한다

정통적인 방법이기는 하지만, 요리의 테크닉을 높이기 위해서는 ①평가를 받고 ②연구하고 시도해보고 ③맛있는 것을 먹는 것이 도움이 된다.

①'평가받는다'는 앞서 '친절한 마음'에 대해 설명한 바와 같다. 만든 요리가 맛있었는지 혹은 맛없었는지 감상을 듣고 다음번 요리에 반영하듯, 보고서를 작성할 때도 좋았던 점, 나빴던 점, 개선할 점에 대한 피드백을 받고 그것을 다음번 보고서에 활용하는 것이 최고의 보고서를 작성할 수 있는 방법이다.

②'연구하고 시도한다' 역시 보고서 작성 능력을 높이기 위한 왕도이다. 요리를 할 때 채소 썰기나 생선 다듬기 같은 기본적인 조리기술을 우선적으로 하나하나 습득하듯 보고서를 작성할 때도 구성방법이나 시각화 기술 등을 성실하게 갈고닦을 필요가 있다.

단, 그 이후에 요리를 창의적이고 독창적으로 혼자 만들 수 있는 수준에 이르고자 한다면 사실 레서피를 보고 하나씩 만들면서 습득하는 방법은 효율적이지 않다.

'오늘은 이탈리아 요리, 내일은 일본 요리' 하는 식으로 여러 장르의 요리를 랜덤으로 만들기보다 예컨대 이탈리아 요리라면 일정 기간 동안 그것만 철저하게 만들 때 이탈리아 요리가 가진 참맛을 내는 요령을 조금씩 이해할 수 있다. 그러면 차츰 레서피를 보지 않고도 요리를 만들 수 있게 된다.

보고서 작성도 이와 같다. 주제에 초점을 맞춰 재무 보고서라면 재무 보고서만, 마케팅 보고서라면 마케팅 보고서만을 수많은 시행착오를 거치면서 만들어봄으로써 그 주제의 보고서 작성 요령을 터득할 수 있다. 한 장르에 집중하여 시행착오를 하면서 경험을 쌓는 것이 포인트다.

이때는 위에서 말한 것처럼 초점을 내용에 맞출 수도 있고 용도에 맞출 수도 있다. 예컨대 기획서, 혹은 연구자료 등 같은 용도를 지니는 보고서에 집중하는 방식도 좋다. 같은 연구자료라도 문제 제기형으로 만들 수도 있고 의미나 해설lecture을 중심으로 만들 수도 있고, 해설 없이 워크숍 스타일로 작성할 수도 있다. 이처럼 한 장르를 중심으로 다양한 시도를 해보면 단기간에 전체를 파악할 수 있기 때문에 결과적으로 가장 효율적인 테크닉을 익힐 수 있다.

답은 단답형이 아니다

평소 한 가지 방식이나 테크닉만을 익혀서 '이것밖에 못한다'고 말하는 사람이 의외로 많다. 그러나 보고서 작성의 테크닉은 결코 단답형이 아니다.

연수에서도 '○○는 어떻게 하면 좋은가?'라는 질문을 해오는 사람이 많은데, 대답은 상대나 상황에 따라서 달라진다. 그런데 이것을 좀처럼 납득하지 못하고 어떤 경우에든 통하는 만능의 테크닉을 요구하는 사람이 많다.

'어떤 경우든 이것으로 예스'라는 만능의 테크닉이란 어디에도 존재하지 않는다.

답은 오직 한 가지가 아니라는 사실을 명심하고, 가장 좋은 것을 찾는다―이것이 보고서 작성에서 '요리의 테크닉'을 향상시키는 비결이다.

연구하고 시도하기 위해서는 과거에 성공했던 보고서 작성 방법을 버릴 수도 있어야 한다. 그것으로 좋은 결과를 가져왔다고 해서 늘 그 패턴만을 고집하는 사람이 많은데, 최고가 되기 위해서는 오히려 현재의 것을 버리고 다른 패턴을 시도해보려는 용기가 필요하다.

예를 들어 스토리 전개의 패턴을 기승전결로 만들거나 느닷없이 결론부터 들어가는 패턴을 시도해보는 것도 하나의 도전일 수 있다. 또는 '이번에는 옛날이야기를 해보겠다'는 식으로 여러 가지 비유를 제시하는 방법을 시도할 수도 있다.

또한 방식에 제한을 설정하는 방법도 시도할 수 있다. 예컨대 하나의 슬라이드에 몇 글자까지만 들어가게 한다는 제한을 두거나 전하고자 하는 바 모두를 세 항목 다섯 글자 이내로 정리해보자는 제한도 할 수 있다.

'페차쿠차 나이트ペチャクチャ Night'라는 포럼을 알고 있는가(페차쿠차는 일본어로 '재잘재잘'이라는 뜻이다-옮긴이)? 스무 장의 슬라이드에 20초씩(20×20=400초)을 할애해 누구든 어떤 주제를 이야기하든 좋다는 프레젠테이션 이벤트인데 인상적인 프레젠테이션이 많이 나온다. 지금은 세계 400곳 이상의 도시에서 행해지고 있고 인터넷 동영상으로도 볼 수 있다. 이 경우에는 '한 장에 20초라는 짧은 시간과 스무 장이라는 제한 안에서 얼마만큼 다른 사람이 이해할 수 있는 것을 만들어 전달할 수 있는가'가 '제한'이 된다.

'페차쿠차 나이트'의 제한은 파워포인트에 의존해 점차 보고서의 매수나 내용이 증가하는 추세에 반대되는 개념이다. 파워포인트를 사용해서 보고서를 만들면 어쩐지 완성도가 높은 것처럼 느껴지지만, 그것 없이는 보고서를 만들 수 없다거나 메시지를 전할 수 없다면 주객이 전도된 상황에 다름 아니다.

맛있는 것을 먹는다

요리의 테크닉을 높이기 위해서는 ③맛있는 것을 먹는 것도 중요하다. 기본적으로는 역시 먹어보지 못한 것은 만들 수 없기 때문에 다양하게 먹을 기회를 만들어야 한다.

오마에 겐이치大前研一는 과거 히타치제작소에서 외국계 컨설팅 회사인 맥킨지로 전직했을 때, 컨설팅 노하우를 배우기 위해 퇴근 후 시간과 주말까지 반납하고 몇 개월간 사내 자료실을 찾아가 지금까지 작성한 데이터가 저장된 마이크로피시(인쇄물을 축소해 복사한 마이크로필름 카드)를 끊임없이 읽었다고 한다. 그리고 이 경험을 통해 보는 눈이 향상되었다고 말한다. 요리를 많이 접하면 혀가 예민해진다고 하는데, 보고서도 역시 보면 볼수록 눈이 높아지기 때문에 적극적으로 다른 사람이 만든 보고서를 보는 것이 좋다.

좀처럼 기회가 없다고 말하는 사람도 있을지 모르는데, 일단 다른 사람의 보고서를 많이 봐야겠다는 의식부터 가질 필요가 있다. 여하튼 탐욕스럽게 여러 가지를 보도록 해라. 많은 것을 보면 좋은 것과 나쁜 것을 선별하는 눈이 생긴다.

나 같은 컨설턴트는 경쟁 프레젠테이션을 하기도 하는데, 그 경우에는 이후에 타사가 어떤 제안서를 제출했는지 입수한다. 같은 과제나 주제에 대하여 타사가 무엇을 어필하고 있는지를 보는 것 자체가 가장 큰 공부이기 때문이다. 또한 고객 중에는 제안 기회를 많이 제공해서 여러 가지를 공부할 수 있도록 도와주는 사람이 있는데, 그런 때는 적극적으로 고객에게 배우기도 한다.

　옛날 작가들은 흔히 명작이라 불리는 작품을 무턱대고 필사했다고 한다. 문장 테크닉이나 이야기 전개방식을 익히기 위해서다. 훌륭한 보고서가 있다면 그것을 따라 만들어보는 것도 한 가지 공부 방법일 것이다.

　실제로 배움의 기회는 얼마든지 있다. 대부분의 사람은 좀처럼 다른 사람이 만든 보고서를 보려는 생각 자체를 갖지 않는다. 다른 사람이 만든 보고서는커녕 자신이 만든 보고서도 일단 끝나면 눈길도 주지 않는다. 매일매일 시간에 쫓길 만큼 바쁘기 때문에 보고서를 만들고 그것으로 끝내버리기 일쑤다.

　내가 진행하는 도큐멘테이션 연수에서는 수강자 전원이 같은 주제로 보고서 작성 단계 [Step 1]~[Step 5]에 따라 연습하는데, 서로의 보고서를 보고 배우는 동시에 단계마다 5단계의 평가시트를 만들어 점수를 매겨 평가하고 있다.

　많이 보고, 많이 만들어보고, 많은 피드백을 받는 것. 이는 요리의 테크닉을 향상시킬 때와 마찬가지다.

　피드백을 받을 때는 보고서의 평가와 인격의 평가는 별개라는 마음가짐을 가져야 한다. 엄격한 평가를 냉정하게 받아들이고 자신이 만든 것에 집착하지 않고 변명이나 반론을 펴지 말아야 한다. 피드백에서 가치 있는 것을 찾아내려는 자세로 일관해야 실력을 향상시킬 수 있다. 진정으로 수준 높은 일을 하고 싶다면 신랄한 피드백을 들을 각오가 반드시 필요하다.

자신이 작성한 보고서가 좋은 평가를 받지 못했다면 [Step 1]부터 [Step 5]의 어떤 단계에서 발목이 잡혔는지 체크하고 다음번에 활용한다. '친절한 마음'을 잊지 않고 많은 피드백을 받아들인다면 요리의 테크닉은 틀림없이 향상된다.

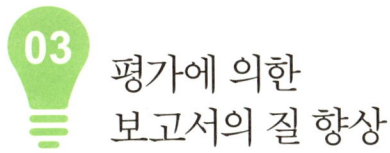
03 평가에 의한 보고서의 질 향상

평가 시점과 프로세스

마지막으로 조금 시점을 바꿔서 보고서 작성자가 아닌 작성자를 지원하는 입장에 있는 사람을 대상으로, 평가를 통한 보고서의 질 향상에 대해 이야기하고 싶다.

여기서 평가란 작성된 보고서를 작성자 이외의 상사나 매니저가 확인하는 것을 말한다. 그들에게는 타인이 작성한 보고서의 질을 높일 수 있는 힘이 있다. 그렇기에 그들 역시 프로의 보고서 작성 능력이 필요하다.

그럴 때는 생각나는 대로 개선점을 말할 것이 아니라 체계적으로 자신감을 가지고 평가를 해야 한다. 평가를 되는 대로 하면 보고서 작성의 마무리 단계에서 처음부터 방향성이 잘못되었다는 사실을 뒤늦게 깨닫고 다시 처음부터 작업해야 하는 일이 발생하기도 하고, 모처럼 어렵게 얻은 시간을 지적한 부분을 고치는 데 모두 써버려 모두에게 바람직하지 않은 결과로 끝나버리기도 한다.

평가를 할 때는 보고서 작성의 단계에 따라 착안점이 필요하고, 효과적으로 진행하기 위한 프로세스 역시 중요하다.

여기서는 평가자, 즉 보고서를 확인하는 입장에 있는 사람이 어떻게 보고서를 평가해야 하는가, 평가 시점이나 과정, 체크포인트에 대하여 이야기하고자 한다. 보고서를 만드는 입장에 있는 사람은 자신이 평가받을 때의 주의할 점으로 받아들여도 좋고, 그대로 보고서 작성의 자기 체크리스트로 활용해도 좋다.

'도표 79'는 평가에 필요한 시점, '도표 80'은 평가를 어떻게 진행해야 하는가 하는 평가과정, '도표 81'은 과정별 주요한 평가 포인트를 보여준다.

앞서 이야기한 보고서 작성의 다섯 가지 단계는 평가 과정의 전제가 된다. 이 단계에 따라 평가의 착안점도 달라진다.

먼저 보고서 작성의 [Step 1 목적]에서는 성과물의 역할이나 목표라는 근간을 확인할 필요가 있다. 또한 [Step 2 타깃]에서는 타깃의 설정은 타당한가, 가설 설정에 있어 놓친 것은 없는가, [Step 3 메시지]에서는 사실·논리에 오류는 없는가, 강조 포인트는 명확한가, [Step 4 구성]에서는 구성이 상대의 사고과정에 맞는가, [Step 5 시각화]에서는 정보의 분류·구조화는 적절한가, 시각화 방법은 이해를 돕고 있는가 등의 시점이 필요하다.

[도표 79] 평가자의 시점

본질로 돌아와 성과물을 보고 자신의 지식과 경험을 공급한다

Step 1 목적
성과물의 역할은 적절한가
프로젝트의 목표를 달성할 수 있겠는가

Step 2 타깃
타깃의 설정은 타당한가
가정 설정에 누락은 없는가

Step 3 메시지
사실·논리에 오류는 없는가
강조 포인트는 명확한가

Step 4 구성
사고 프로세스를 따르고 있는가

Step 5 시각화
정보의 분류·구조화는 적절한가
시각화 방법은 이해를 촉진하는가

이런 시점을 '도표 80'의 평가과정 속에서 살려서 성과로 이어지도록 한다.

평가는 프레젠테이션에서 최종적인 성과물을 내놓을 때까지 최대 세 번까지 행해질 수 있다. 평가를 위한 사전준비와 평가회의를 적절히 행하고 최소한의 평가로 성과물을 완성 단계로 이끌어간다.

평가과정은 '도표 80'대로다. ①방침 평가, ②초안 평가, ③최종 평가의 세 가지 과정으로 진행된다. 익숙해지면 ①과 ②를 동시에

[도표 80] 평가과정

평가를 위해 사전준비와 미팅을 적절히 행할 수 있다면 두 번의 리뷰로 성과물은 거의 완성 단계에 이른다

	리뷰 프로세스			더 나은 품질을 추구하기 위하여		
	①방침 평가	②초안 평가	③최종 평가	리허설	본방	반성회
완성도	50%	80%	100%	110%	120%	다음 보고서의 개선
평가 내용	방침·아웃풋 이미지(=협의 사항과 각 페이지의 프레임)의 결정	각 페이지의 메시지·품질의 평가	전체적인 품질·외형의 최종 확인	명료하고 간결한 설명을 추구, 클라이언트 담당자에게 사전 송부(안심 확보)	보고서·프레젠테이션의 상승효과(만족·감동 획득)	준비 단계 및 본방을 통해서 좋았던 점, 나빴던 점을 공유

하고 작성자의 능력이 높다면 ③만 행할 수도 있다. 나아가 직접적인 보고서 작성 과정은 아니지만, 보고서의 질을 높이기 위하여 본방 전에 리허설을 행하고 더욱이 본방이 끝난 뒤에는 랩업^{wrapup}까지 행하는 것이 이상적이다.

리허설은 매우 중요하다. 만든 보고서를 근거로 실제로 이야기해보면 잘 설명하지 못하거나 이해가 불충분한 부분을 깨달을 수 있다. 리허설을 함으로써 품질을 높일 수 있기 때문에 중요한 보고서라면 ③의 평가에서 실시하면 좋다.

또한 이 책의 앞부분에서 전문적인 보고서는 안심·만족 차원

을 충족하고 감동을 안겨줄 필요가 있다고 이야기했는데, 감동에 도달하기 위해 보고서가 100퍼센트라면 본방의 커뮤니케이션 전반에서는 120퍼센트의 완성도를 의식할 필요가 있다.

그리고 본방이 끝나면 그것으로 끝내지 말고 다음 자료의 개선이나 자신의 수준 향상으로 이어가기 위해 반드시 결론(랩업)을 이끌어낸다. 좋았던 점, 나빴던 점, 이렇게 하면 더 좋았을 것이라 생각되는 아쉬운 점을 공유하는 것이다.

과정별 평가 포인트

평가 과정의 ①방침 평가에서는 보고서 작성의 방침과 아웃풋 이미지(=협의사항과 각 페이지의 프레임)를 결정한다. 이 단계에서 완성도의 절반이 결정된다. 여기서는 [Step 1]의 '무엇을 위해 자료를 만드는가'라는 목적을 재확인하고 보고서의 역할을 확정하는 것이 열쇠이다. 여기서 오류가 발생하면 그 이후는 총체적으로 붕괴하기 때문에 특히 중요한 부분이다.

그러나 실제로는 여기서 발목을 잡히는 경우가 많다. 방침 평가 없이 보고서 작성을 진행하고 초안 평가의 단계에서 방침의 오류를 깨닫고 바닥부터 뒤엎는 경우도 흔히 있다. 부하직원의 입장에서 보면 업무의 전체상이나 의뢰받은 배경을 보지 못해서 원래 무엇을 위한 보고서를 만드는지 파악하지 못한 채로 일에 착수했기 때문에 벌어지는 일이다.

[도표 81] 과정별 주요 평가 포인트

재작업하지 않도록 방침 평가에서는 협의 사항을 확정한다

		①방침 평가	②초안 평가	③최종 평가
평가 내용		방침·아웃풋 이미지 (=협의사항과 각 페이지의 프레임)의 결정	각 페이지의 이미지·품질 평가	전체적인 품질· 형식의 최종 확인
평가 포인트	Step 1 목적	◎ 목적과 달성기준이 명확하다		◎메인평가 포인트: 이 시점에서 완성시키고 그 이후의 평가에서는 흔들림이 없다는 것을 확인 ○서브평가 포인트: 이 시점에서의 완성은 필수가 아니지만, 목표에 큰 흔들림이 있는 경우는 지적
	Step 2 타깃	○ 프로파일링이 완료되었다		
	Step 3 메시지	◎ 목표를 달성할 수 있다 아젠다로서 존재한다		
		○ 목표를 달성할 수 있다 스토리 구성을 할 수 있다	◎ 메시지가 논리적이고 알기 쉽고, 목표와 연결되어 있다	
	Step 4 구성	○ 용어 정의, 슬라이드 구성, 각 페이지 프레임, 기술 레벨이 결정되어 있다	◎ 용어, 슬라이드 구성, 각 페이지가 내용의 적합성을 지니고 있다	
	Step 5 시각화		○ 메시지와 표현방법이 일치한다	◎ 시각화 기법이 이해를 돕는다

 이것을 그대로 두면 단추를 잘못 채운 채 진행되기 때문에 목적을 분명히 확인하는 것은 작성자의 가장 큰 의무라 할 수 있다.
 이 단계에서는 적어도 [Step 1]의 목적과 달성기준이 명확한지, [Step 2]의 타깃을 타당하게 설정하고 그 프로파일링을 제대로 행했는지, [Step 3]의 주요 메시지가 적절한지 그리고 그 메시지로 목표를 달성할 수 있는지를 확인한다. 더불어 스토리 구성, 슬라이드 구성의 개요까지 체크해야 한다.
 ②초안 평가는 자료가 대략적으로 완성되어 있는 상태로, 메시지가 논리적으로 확고하게 스토리나 구성에 담겨 있는가, 용어

나 슬라이드 구성, 각 페이지의 내용이 적합성을 갖추었는가를 확인한다.

③최종 평가에서는 목적과 스토리와 구성도 적합성을 갖추고 있고, 시각화의 기술이 제대로 효과적으로 사용되고 있고 최종적으로 쉽게 전달되는 보고서로 완성되었는지 체크한다.

위의 ①에서 ③까지의 과정 중에서 보고서 작성자의 능력이나 일의 상황에 따라서 ①·② 혹은 ②·③을 한꺼번에 행하는 경우도 있다. 부하직원이 첫 단계에서 완성형에 가까운 것을 내놓은 경우에는 ①·②를 한 번에 끝낼 수 있고 ①의 방침 평가에서 확실히 인식을 모을 수 있다면 '이후의 일은 맡기겠다'며 ②와 ③을 마무리 짓는 경우도 있다.

가장 중요한 '방침 평가'의 포인트

방침 평가는 평가 과정 중에서도 가장 중요한데, 구체적으로 이 단계에서 어느 정도까지 확정지으면 좋은가 하는 질문을 자주 받는다. '도표 82'에 방침 평가의 단계에서 확정해야 할 수준을 언급했다.

예컨대 'X사 사업의 현황'이라는 항목이 있을 경우, 그 '현황'이 무엇을 가리키는 것인지 사람에 따라서 인식이 다르다. 따라서 '현황에는 시장과 상품을 축으로 맵을 그리자'고 서로 확인하고 실제

[도표 82] 방침 평가 단계에서 확정해야 할 수준

목적을 달성할 수 있는가와 마찬가지로 데이터를 수집할 수 있는가, 정리한 프레임의 방향은 잡았는가 등의 작업의 실현성도 확인해야 한다. 그렇지 않으면 시기에 늦거나 진척이 지연될 수 있다

아젠다
- X사 사업의 현황
- 과제와 대응책
- 로드맵
- ……

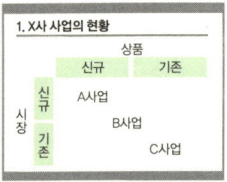

- 메시지가 나오는 종축·횡축
- 크기의 단위(금액·출하량)

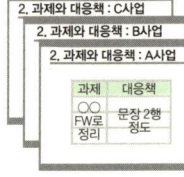

표현방법 × 분량
→ 대략적인 기술 수준

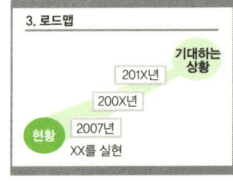

- 표현방법
- 시간감각

로 그림을 플립차트나 노트에 적는 것까지 해보는 것이 좋다.

또한 과제와 대응책을 슬라이드로 만든다고 해도 사람에 따라서는 'A사업, B사업, C사업의 세 가지 사업을 한 장에 한꺼번에 표현하는 것이 좋다'고 말하는 사람이 있는가 하면, '그러면 너무 커지니 사업마다 구분하여 설명해야 한다'고 생각하는 사람도 있다. 방침 평가의 단계에서 '세 가지 사업에 대하여 한 장씩 과제와 대응책을 정리한다'고 표현하는 방법과 분량을 대략적으로 제시하고 볼륨감을 확인해두는 것이 좋다.

또한 '로드맵'을 슬라이드로 만들어도 연차별로 만드는 것이 좋은지, 아니면 1년마다 무엇을 해야 할지 상세한 실행계획을 담은 로드맵이 필요한지, 이 점을 확인해두면 좋다.

성가신 일이지만, 여기까지 해두면 크게 흔들리지 않고 이후에는 안심하고 내용을 채워갈 수 있다.

에필로그

'친절한 마음'으로 보고서를 작성한다는 것

어느 클라이언트가 '한눈에 보고 이해할 수 있으니 설명은 필요치 않다'고 말했을 때, 나는 보고서 작성을 나의 강점으로 인식할 수 있었다. '설명하지 않아도 된다니, 행운이다! 보고서 작성에 최선을 다해서 다행이다'라고 생각했다. 컨설턴트로 일하는 나는 의외로 말하는 것을 좋아하지 않는다. 특히 현황이나 주장을 이해시키기 위해 많은 시간을 할애하는 일은 가장 피하고 싶다고 늘 생각했기 때문에 그때부터 설명이 필요치 않을 정도로 '한눈에 이해되는 보고서'에 집착하기 시작했다.

그리고 차츰 '보고서가 보기 쉬워 간단히 이해했다'는 평가를 얻고 '비주얼 퀸'이라는 고마운 호칭을 얻으며 연수를 실행하게 되고 '시미즈처럼 이해하기 쉬운 보고서를 만들라'는 상사의 명령으로 연수에 참가했다'고 말하는 수강자가 날로 증가해 강연 의뢰를 받기에 이르렀다.

이 책에는 지금까지 축적해온 나의 노하우를 담았다. 표현이나 커뮤니케이션의 테크닉은 하루가 다르게 진보할 것이다. 나 역시도 일취월장 발전하고 싶다.

여러 가지 고도의 기능을 가진 툴이 등장하면서 보고서 작성은 효과적·효율적으로 진보했다. 그러나 실제로는 보고서의 양산이 가능해진 것일 뿐이지 양질의 자료는 오히려 줄었다. 당신 역시 많은 그래프나 표, 빼곡하게 작은 글자로 가득한 복잡한 차트를 만드는 일이 일상이 되어버리지는 않았는지 모르겠다.

제안이나 프로젝트의 자료 중에서 여러 차례 반복하여 활용되는 차트를 '킬러 차트'라고 말한다. 그러한 킬러 차트를 몇 가지 살펴보면 그것들은 고객을 철저하게 생각한 독창적인 솔루션 콘셉트이거나 복잡한 현황에서 본질적인 원인을 끄집어내어 많은 사람에게 문제의식을 일깨워주는 현상분석 결과이거나, 진척 상황이나 과제가 한눈에 들어오는 진행 보고서일 때가 많다. 그야말로 생각에 생각을 거듭하여 낳은 '최고의 한 장'이라 말할 수 있는 자료다. 이들 자료는 언제까지나 관계자의 기억 속에 남는다.

이 책에서는 요리에 비유하여 보고서를 보는 사람을 배려하는 '친절한 마음'으로 보고서를 작성하는 방법에 대해 설명했다. 대량생산되는 것이 아니라 상대를 철저하게 생각하고 만든 요리라면 누구나 맛있다고 느낄 것이다. 압도적인 우위성을 자랑하는 기술이나 제품·서비스를 좀처럼 찾아보기 힘든 지금과 같은 시대에는 요리도 보고서도 상대를 배려하는 '친절한 마음'이 있어야 선택을 받을 수 있다고 믿는다.

  나는 요리나 사진, 꽃꽂이가 취미인데, 멋진 선생님들로부터 사사받고 있다. 비즈니스 세계와는 다르다. 그러나 교실을 찾을 때마다 늘 고객을 생각하는 마음이나 자기 일에 대한 고집, 감각에 감동하고 여러 가지 기법을 배우는 것은 물론 나 자신의 삶의 자세를 반성하는 계기를 갖기도 한다. 내게 '친절한 마음'의 소중함을 가르쳐준 선생님, 늘 따뜻하고 유쾌한 교실의 학우 여러분에게 감사의 마음으로 이 책을 바친다.

  그리고 함께 '혼신의 한 장'을 작성하기 위해 안간힘을 쓰는 직장 동료들, 엄하지만 따스한 평가를 잊지 않는 리더나 선배 여러분, 그 외에 최선을 다하는 여러 사람들과 늘 변함없이 응원해주는 가족에게 마음으로부터 감사의 말을 전한다.

  마지막으로, 이 책을 읽어준 당신이 '친절한 마음'과 테크닉을 추구하여 많은 사람의 기억에 남는 '혼신의 한 장'을 작성할 수 있기를 염원한다.

옮긴이의 말

상대를 한눈에 사로잡아라

남몰래 쓰는 일기를 제외하면 우리는 어떤 의도를 가지고 누군가에게 읽히기 위해 글을 쓴다. 소설이나 에세이를 비롯해 개인적인 심상을 담은 시조차도 누구에게 어떤 메시지를 전하려고 한다. 그리고 메시지를 어떻게 전달할지 고민하면서 다양한 작품이 만들어진다. 새로운 표현, 새로운 플롯, 새로운 캐릭터…… 늘 '어떻게' 전해야 할지를 놓고 많은 작가들이 고심한다.

하물며 기업의 사활을 건 보고서는 두말할 나위도 없다. 불황의 그늘 속에서 프로젝트 하나하나는 무한경쟁 속에서 살아남기 위한 처절한 몸부림을 연상케 한다. 사업의 성패를 가르는 첫 단추인 보고서의 역할은 매우 중요하다.

그런데 무슨 까닭인지 보고서 작성 노하우는 그다지 접할 기회가 없었다. 솔직히 말하면, 그 중요성조차 깨닫지 못했다. 선배가 그랬던 것처럼 상사나 선배의 문서 작성법을 어깨너머로 배워 흉내 내거나 좀 더 나은 것을 만들어보겠다며 일부 수정하여 사용하는 게 고작이었다.

이 책은 우리가 당연하다고 여겨왔던 보고서 본연의 용도를 다시금 깨닫게 해준다. 예기치 못한 시점에서 호되게 날아든 꿀밤처럼 정신이 번쩍 들었다.
'아뿔싸! 내가 놓치고 있던 것이 바로 이거였구나!'
지금까지 기대했던 성과에 이르지 못해 아쉬운 마음으로 접어야 했던 일들이 주마등처럼 뇌리를 스쳐간다.
내가 하는 일은 해외서 기획으로, 컨설턴트 시미즈 구미코가 하는 일과는 거리가 있다. 출판사 편집자를 대상으로 해외서의 장점을 전하고, 누구나 쉽게 읽을 수 있는 번역서로 출간하는 일을 돕고 있다. 그런데 곰곰이 생각해보면 설득할 상대(편집자), 전해야 할 메시지(해외서의 내용과 장점)가 존재한다는 점에서 내가 작성하는 제안서는 분명 여느 비즈니스 보고서와 다르지 않다.
비즈니스 보고서처럼 도표가 들어가는 경우는 거의 없다. 현란한 테크닉을 익힐 필요도 없다. 하지만 그동안 상대를 납득시키기 위해 늘 심사숙고해왔다. 그런데 언젠가부터 타성에 젖어 동일한 양식에 빈칸을 채워 넣듯 작성해오고 있었던 것이다. 그런 제안서가 상대를 설득할 리 없고, 그런 자료로 감동을 바란다는 것은 결코 이룰 수 없는 욕심임을 깨달았다.

비즈니스 상대는 수시로 바뀌고, 동일한 사람이라도 한 달 전과 현재의 상황은 같지 않다는 점을 고려하지 않았다. 이 책의 저자가 말하는, 상대에 대한 프로파일링 과정이 누락되었던 것이다. 제안서를 받아볼 상대를 이해하려는 노력이 부족했다.

나의 제안서는 온갖 정보로 빼곡히 채워져 있었다. 인정하고 싶지 않지만, 많은 양의 정보로 제안서를 메우면서 은근히 '일하고 있다'는 기분에 취해 있었던 것 같다. 왜 이 제안서(보고서)를 상대에게 보여주려 하는지, 그 목적은 잠시 잊은 채로.

애써 만들었지만, 상대의 입장을 전혀 고려하지 않고 온갖 정보가 어지럽게 담긴 나의 제안서가 오히려 상대의 판단을 방해했을 것이라는 점도 뒤늦게야 깨달았다. 상대가 원하는 제안은 무엇인지, 그리고 바쁜 일정에 쫓기는 상대를 한눈에 사로잡는 일목요연한 제안서를 만들려면 어떻게 해야 하는지 좀 더 고민했어야 했다.

그런 관점에서 저자가 들려주는 '친절한 마음'은 뜻밖의 감동을 안겨주었다. 비즈니스 보고서에 웬 친절한 마음? 어색한 매치에 머릿속에서 의문부호가 난무했지만, 상대를 이해하는 데 빠질 수 없는 요소라는 데는 백퍼센트 공감하며 절로 고개가 끄덕여졌다.

시미즈 구미코가 바라듯 '친절한 마음'과 테크닉으로 나도 누군가의 기억에 남는 '혼신의 한 장'을 작성하고 싶다.

KI신서 5178
보고서 잘 쓰는 법

1판 1쇄 발행 2014년 8월 30일
1판 4쇄 발행 2017년 10월 30일

지은이 시미즈 구미코 **옮긴이** 박재현
펴낸이 김영곤 **펴낸곳** (주)북이십일 21세기북스
출판사업본부장 신승철
출판마케팅팀 김홍선 최성환 배상현 신혜진 김선영 나은경
출판영업팀 이경희 이은혜 권오권 홍태형
홍보기획팀 이혜연 최수아 김미임 박혜림 문소라 전효은 백세희 김세영
제작팀 이영민 **제휴팀** 류승은

출판등록 2000년 5월 6일 제406-2003-061호
주소 (우10881) 경기도 파주시 회동길 201(문발동)
대표전화 031-955-2100 **팩스** 031-955-2151 **이메일** book21@book21.co.kr

(주)북이십일 경계를 허무는 콘텐츠 리더
21세기북스 채널에서 도서 정보와 다양한 영상자료, 이벤트를 만나세요!
장강명, 요조가 진행하는 팟캐스트 말랑한 책수다 '책, 이게 뭐라고'
페이스북 facebook.com/21cbooks 블로그 b.book21.com
인스타그램 instagram.com/21cbooks 홈페이지 www.book21.com

ISBN 978-89-509-5119-1 13320
책값은 뒤표지에 있습니다.

이 책 내용의 일부 또는 전부를 재사용하려면 반드시 (주)북이십일의 동의를 얻어야 합니다.
잘못 만들어진 책은 구입하신 서점에서 교환해 드립니다.